前言

社会情境中的心理学旨在研究日常生活中包围着我们的各种信息、物品、人物和事件是如何改变我们的感官、判断和举止的。在这本书中，我们将通过平常生活中大量的例子认识到：不是所有的事情都是预先确定好的，我们的行为会根据我们见到的人、收到的信息、看到的图像以及闻到的气味而改变。事实上，我们生活中的许多领域都会受到环境因素的影响。例如，消费者会被商场里的气味、光线和播放的音乐所影响；在工作地点或学校，从窗口看到的景色会对我们的心情、工作和学习效率有影响。我们还发现，即便是在我们找对象的时候，视觉因素和嗅觉因素也会干扰我们的判断。我们在社会交往中也受到诸多因素的影响，尽管我们往往察觉不到自身对它们的敏感性。比如，对话者的衣着外貌会影响我们对对方的态度，还会导致我们更轻易地拒绝或接受此人对我们提出的请求。此外，来自他人非语言范畴的行为也会影响我们对此人的印象、评价以及与之互动的方式。一次触碰、一个微笑、一个眼神在日常生活中显得如此平凡，以至于我们常常会忽略它们的影响力。

然而有研究表明，一个商贩在与顾客有肢体接触的情况下会更容易卖出商品；一个想搭顺风车的人若脸上挂着微笑，则可以在马路边少等一段时间。最后我们还能了解到，当我们要做出一个决定的时候，仅仅是存在于我们周遭环境中的物体都有可能干扰我们的选择。也就是说，影响因素无处不在，只是我们没有意识到而已。本书分为数个章节，每个章节都会探讨为数众多的影响因素之一，并借此向你展示：任何微小的细节都会对我们产生影响，而我们也很少会单纯地根据理性或情感做出一些决定或行为。

“剁手”心理学

如何在与客户的心理博弈中，获得更多

[法]尼古拉·盖冈（Nicolas Guéguen） 著
胡婧 舒静 译

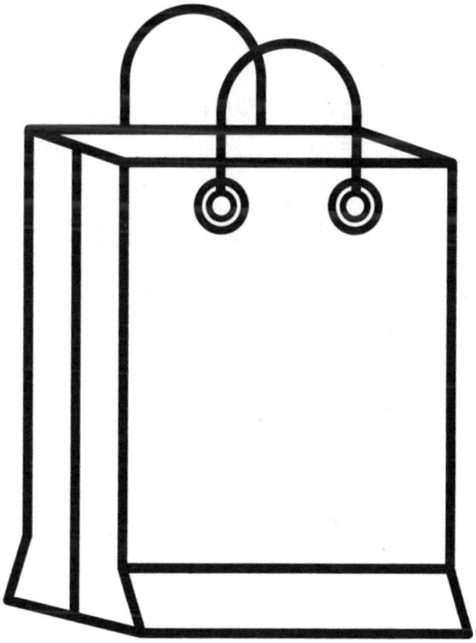

Métro，psycho，dodo -
Tousnoscomportementsquotidiens décryptés

中国友谊出版公司

图书在版编目（CIP）数据

“剁手”心理学：如何在与客户的心理博弈中，获得更多 / (法) 尼古拉·盖冈著；胡婧，舒静译. -- 北京：中国友谊出版公司，2019.8

书名原文: Métro, psycho, dodo Tous nos comportements quotidiens décryptés

ISBN 978-7-5057-4791-3

Ⅰ. ①剁… Ⅱ. ①尼… ②胡… ③舒… Ⅲ. ①消费心理学 Ⅳ. ①F713.55

中国版本图书馆CIP数据核字（2019）第144189号

书名 “剁手”心理学：如何在与客户的心理博弈中，获得更多
作者 ［法］尼古拉·盖冈
译者 胡 婧 舒 静
出版 中国友谊出版公司
发行 中国友谊出版公司
经销 北京时代华语国际传媒股份有限公司 010-83670231
印刷 北京市松源印刷有限公司
规格 880 × 1230 毫米 32 开
8 印张 194 千字
版次 2019 年 8 月第 1 版
印次 2019 年 8 月第 1 次印刷
书号 ISBN 978-7-5057-4791-3
定价 48.00 元
地址 北京市朝阳区西坝河南里 17 号楼
邮编 100028
电话 （010）64678009

目录
CONTENTS

1

音乐和声音对人的影响

2

色彩、光线和温度对人的影响

3

气味对人的影响

4

语言和用词对人的影响

5

视觉和图像对人的影响

6

身材和外貌对人的影响

7

非语言范畴的行为对人的影响

8

自我影响：当我们被物体、环境和我们自己操控时

9

循序渐进的影响

1 音乐和声音对人的影响

音乐、声音和噪音无时无刻不围绕着我们。当我们进入一家大型超市时，常常会有音乐萦绕在耳畔，在酒吧或餐厅亦是如此。还有就是在一些出售纯天然产品的商店，我们往往会听到像流水声或鸟鸣声这样的背景音乐。播放这些音乐的首要目的是营造一种让顾客舒适的氛围，但也有研究表明，这样的做法能影响顾客的购买行为。也就是说，若我们调整音乐的风格、节奏或音量，人们的行为方式也会随之改变。我们还了解到，声音和音乐可以用来减轻疼痛和缓解焦虑，比如我们在牙科诊所候诊或即将接受一个小型外科手术的时候，某些声音便可以在极大程度上发挥它的镇定作用。最后值得一提的现象是，人的嗓音及其音调的各种变化能够影响我们对他人的评价方式。有些人的嗓音会比其他人的更具有吸引力，而且还能帮助我们判断不同人的个人特征。在声音的世界里，任何现象的存在和发生都有其特殊的含义，而我们就在这样的大环境里不断地演进发展。

01 为什么听高分贝的音乐能使我们喝更多的饮料？

有谁走进过一家从不播放惬意音乐的商店、酒吧或餐厅呢？你有没有在一些出售纯天然产品的商店里注意到其间播放的有着乡野气氛的背景音乐，或在大型商场的鱼肉柜台听到浪花拍岸和大海的声音？通常只需转动旋钮便可轻易调节的音量很少作为消费心理学的研究课题。然而，我们了解到，音乐能根据其音量的大小引起不同的消费行为，并且能用来减小或扩大某些商业场所发出的噪音。

低调沉静或响如雷鸣，调节乐曲的播放音量绝对是再容易不过的一件事。在某些场所，音量的强度旨在烘托出某种气氛，甚至是传达某种概念。在另一些场合，音量低且特征不明显的音乐是为了表达另一种气氛，体现另一个场所的特点。近期的一些研究表明，音量似乎对消费者的行为有影响，但具体应该将音量调到多高却取决于很多因素。

> 盖冈、勒·格莱克和雅各布于 2004 年在一些酒吧通过改变音乐的音量完成了一项实验。由于实验周期长达数周，因此某些对实验结果构成影响的因素得以控制。而且实验仅于每周六晚间，在一些年轻人出入的酒吧里进行。人们在这些酒吧里播放了风格相同的音乐，音量被设置为 72 分贝和 88 分贝两种不同的音量。所谓“平均音量”指的是通常在酒吧里测得的分贝值。此处测得的分贝值之所以很高，是因为进行这项实验的酒吧都比较拥挤喧闹，有时甚至嘈杂混乱。一些低调的观察员会坐在酒吧里，他们的任务是观察那些同样坐在吧台内的顾客从进入酒吧开始，一直到离去过程中的行为表现，然后将这些顾客在该过程中所点的饮料杯数记录下来。

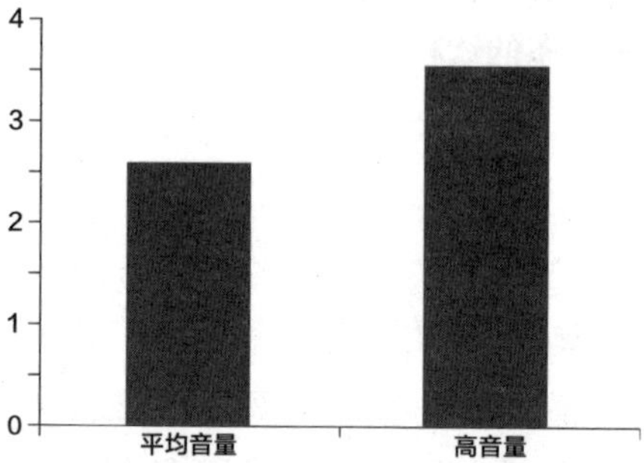

饮料消费在不同音量下的平均数量

播放比平时音量更高的音乐能够导致饮料消费的增长，该结论不论男女都一样适用。据推测，高分贝音乐可能会在上述情况下产生一种所谓的“过度激活效应”，这种效应既是生理上的又是心理上的，它能够刺激人们去购买更多的饮料。

这项假设在进一步的研究中得到了证实。研究人员完全仿照上一次的实验模型进行了另一项实验，不过这一次，他们只观察那些点了啤酒的顾客。除了饮用量之外，顾客喝每杯啤酒所用的时间，以及饮完一杯所用的次数也成了观测目标。

饮料消费在不同音量下的特点

	平均音量	高音量
啤酒杯数	2.6	3.4
喝完每杯啤酒所用的平均时间（分钟数）	14.51	11.45
喝完每杯啤酒所用的次数	7.02	7.18

播放高音量音乐会导致酒精饮料的过度消费，该现象在此处得到了证实。同时我们也观察到，顾客喝每杯啤酒所用的时间

> 根据音量的不同，统计出的数字也不一样，但他们喝完每杯啤酒所用的次数大致不变。这就意味着顾客在喝每一口啤酒时，饮下的量并没有增多，但两次举杯饮用之间的时间间隔却缩短了，这就使得一杯啤酒被更早地喝完，并促使顾客更快地去点下一杯。这样的结果很符合过度激活效应的推测：在提高音量的情况下，一个人会用更快的速度去完成惯常的饮用行为。

结论

在某些背景和情形下，播放高分贝的音乐会促进饮料消费的增长。需要注意的是，尽管这个实验突出了高音量对购买行为的积极影响，但真实的情况却并非总是如此，因为音乐的播放场合也是相当重要的一个因素。在很久以前进行的一项有关音量特性的研究中，该隐—史密斯和科诺在 1996 年发表的研究结果中并没有明确指出在商店里播放音量更高的音乐会刺激人们的购物欲望，他们的发现是，提高音量会缩短顾客在商店里的停留时间。同样的，拉莫斯在海滨大道上的一家相当幽静的餐厅里观察到，当音乐的播放音量较低时，人均消费为 21.63 美元，而播放音量较高时却只有 18.57 美元。这两个例子再次说明，音乐播放的场合，以及该场所人群的特点有着绝对的重要性。关键就在于找到最适合于该场所的音量。

02 音乐能使人们在公共场合的言行举止变得温和吗?

噪音是造成我们现代社会中不适感的主要原因之一。预防和控制噪音的活动要定期举办，甚至被列入了某些政客的规划纲要之中。对众多商业场所的研究表明，噪音对顾客有着非常负面的影响。一个公共场所的负责人控制音乐的音量或减小机器的噪声是容易的，而对付顾客制造的噪音可就复杂了。当然，减少这种可憎的环境噪声也是非常值得我们关心的问题，因为它除了会对员工造成不利影响，还会导致顾客过早离去，进而减少消费。

> 多斯于 1995 年开展的一项研究就试图了解音乐是否真的能被用来增强或减弱顾客发出的噪音。在一所美国大学的校园餐厅里，研究者们曾在预定的不同时间段内播放不同的背景音乐。乐曲涉及三种不同的风格，分别是古典、乡村和硬摇滚，且每次播放的音量都相同，每段音乐持续 30 分钟，播放 10 分钟之后，研究人员便会去餐厅的中央测量人们谈话的音量。

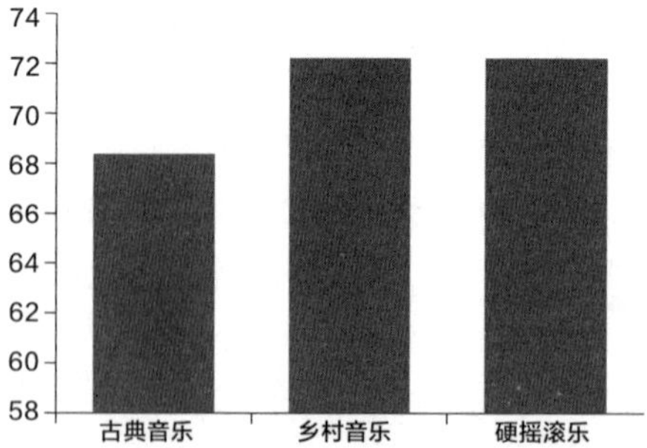

根据不同音乐风格测得的平均谈话音量

从统计学的角度而言，虽然每次实验的条件都是有差异的①，但对结果的影响不大。与硬摇滚乐相比，古典乐最能有效地减弱谈话的音量，其次是乡村乐。需要再次强调的是，每段音乐的播放音量都是相同的。也就是说，乐曲风格确实能影响人们谈话声音的高低。

注：《鳟鱼》是奥地利著名作曲家舒伯特的经典作品。

画者：马拉伊

结论

为什么古典音乐有助于降低一间餐厅里顾客发出的整体音量呢？查尔莫斯、奥尔森和茹科夫斯基于1999年在英国的一些学校食堂里进行了一项研究后得出结论，这很有可能是因为该风格的乐曲有舒缓镇定的效果。他们还指出，较不播放音乐而言，播放古典音乐能够非常显著地降低孩子们在食堂里发出的噪音，并减少某些不文明的举止，如未经许可就离开餐桌、不叠餐巾、吃相不雅，等等。这证明，古典音乐真的能使人们在公共场合的言行举止变得温和。

① 因为在不同时段，咖啡厅里的顾客数量和顾客类型不一样。

03 为什么在一家商店里播放古典音乐或流行音乐会使销售额攀升？

当我们思考背景音乐对消费者的行为产生的影响时，我们立刻就能想到不同音乐风格对他们带来的冲击。科学研究自然不会忽略这个课题（该领域的文献报告数量是最庞大的），研究人员试图了解哪种类型的音乐对消费者的行为影响最大、获得的评价最积极，也想知道是否存在特别适合某些场合、产品或顾客的音乐。

如今，公众和消费者出入的许多场所都在频繁地播放背景音乐，但这样毫无策略地播放音乐是行不通的。对研究背景音乐的专家来说，最关键的是要找到最适合某种环境、某种顾客群体和某种商品类型的“完美音乐”。

> 诺斯和哈格里夫斯在 1998 年发表的研究报告中分析了三种风格的音乐对某英国大学餐厅的顾客所产生的影响。研究人员播放了三种类型的音乐：流行音乐、古典音乐和容易被人记住的简易音乐。每种音乐的播放时长均为 90 分钟。此外，他们还测试了不播放音乐的情况。研究人员到餐桌前采集数据，他们要求实验对象对餐厅里出售的不同食品给出一个最高心理价位。同时，研究人员还记录下了实验各阶段的食品销售额，以便将其与实验之前和实验之后做对比。为了探索不同类型的音乐对销售业绩的影响，研究人员还计算出了实验各阶段的销售额与平时观测到的销售额之间的差额。

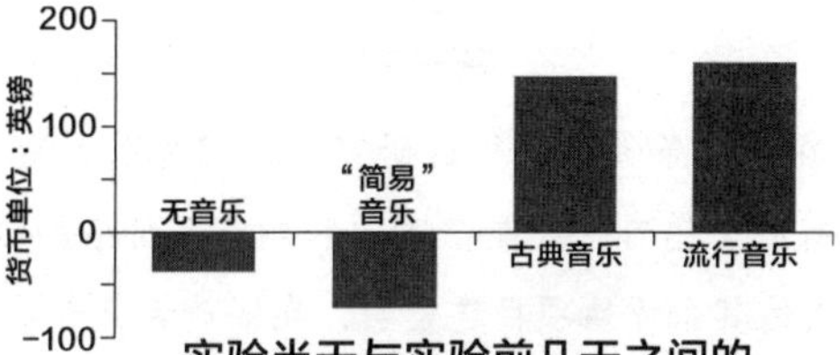

实验当天与实验前几天之间的销售差额

关于人们对不同产品给出的最高心理价位，统计结果如下：

顾客愿意为各类产品花费的最高价格平均值

（单位：英镑）

	无音乐	“简易”音乐	古典音乐	流行音乐
脱脂果味优酪乳	0.29	0.28	0.36	0.33
1号午餐套餐（薯条、苹果、一份馅饼）	1.49	1.47	1.74	1.89
2号午餐套餐（咖喱蔬菜饭、一份蛋糕、苹果、健怡可乐）	1.77	1.79	2.27	2.17
双人晚餐（两份沙拉和三明治、两包薯片、一份蛋糕＋含糖饮料）	3.03	3.04	3.90	3.76

这些结果显示出了几个值得关注的现象：古典音乐和流行音乐都对销售有着积极的影响，而所谓的“简易”音乐却不具备这个特点。我们还从统计的数据中观察到，顾客在聆听古典音乐或流行音乐时，对食品给出的心理承受价格会更高，而播放“简易”音乐的效果和无音乐的情况几乎相差无几。

结论

通过这项在自然条件下进行的研究，我们可以看到：古典音乐或流行音乐不仅有利于销售，还能拓宽顾客对产品价格的心理承受极限。这项研究中完成的其余评估项目还表明，在播放古典音乐和流行音乐这两种音乐的情况下，实验对象给出的评价会更高。校园餐厅在播放不同类型的音乐时给人的印象如下：播放流行音乐时显得更轻松愉悦；播放古典音乐时显得更有内涵，更沉静内敛，更感性；播放“简易”音乐时显得更传统常规；不播放音乐时受到的女性青睐则更少。音乐在该实验中普遍对购买行为和顾客态度有正面的影响。但要注意的是，播放俗气的音乐将无法达到预期的效果。

04 为什么当你聆听一首莫扎特的奏鸣曲时，比起一般的葡萄酒，你会更想品尝一杯拉菲酒庄的红酒？

如今，越来越多的研究想要将一种风格的音乐与一个地点联系起来。研究人员想要了解的是，对于这类或那类的产品和对于这样或那样的活动，与其最吻合的音乐是哪一种。

> 阿雷尼和基姆于 1993 年在一家葡萄酒商店展开的研究完美地诠释了背景音乐和产品之间的关联性。实验要求在真实情境下对 20 岁到 60 岁以上的男性和女性进行观察，实验地点位于美国一家餐厅的酒水部。研究人员根据不同情况播放了古典音乐和那

种居于排行榜前 50 的流行音乐，并观测了顾客行为的各种变量：咨询了解商品（阅读标签至少 3 秒以上）、拿到手中进一步观察以及购买。

不同音乐环境下测得的数据平均值

	古典音乐	排行榜前 50 的流行音乐
观察了解的酒（瓶数）	3.93	3.85
拿到手中的酒（瓶数）	1.36	0.97
购买的酒（瓶数）	0.12	0.07
消费总额（美元）	7.43	2.17
停留时间（分钟数）	11.01	8.97

实验结果引人深思，因为在两种情形下，只有人均消费总额显示出了较为明显的差异。鉴于两种音乐对顾客购买酒品的数量没有太大影响，我们可以得知：人们在听到古典音乐的时候，购买了价格更昂贵的酒。

该漫画用讽刺手法表现出了古典音乐对顾客的催眠作用：侍者对着标有 6000 欧元的乐谱演奏出的一曲莫扎特让顾客产生了红酒只要 600 欧元的错觉。

诺斯、希尔库克和哈格里夫斯于 2003 年进行的一项研究进一步证实了古典音乐的上述效应，该项研究还探索了不播放音乐的情况。

这项研究在伦敦的一家餐厅里持续进行了 18 天。同先前一样，一种情况下，研究人员整晚都在播放著名的古典音乐或排行榜前 50 的流行音乐。另一种情况下，研究人员不播放任何音乐。较排行榜前 50 的乐曲或不播放音乐而言，古典音乐促使餐厅的顾客们点了价格更贵的前菜和甜点，并使他们在用餐结束时更乐意点一杯咖啡。若我们将排行榜前 50 的乐曲和不播放音乐的情况作比较，就不会发现这种效应。这就说明，古典音乐确实具有影响力，因为与不播放音乐相比，顾客的人均消费增长了近 10%。

研究人员在另一种背景下对其他类型的商品进行实验时，也观察到了相同的结果。本 · 达曼 · 穆埃里和图扎尼于 2003 年的某段时间在一家专门卖香水和化妆品的商店里播放了古典音乐或流行音乐。除观测顾客的行为以外，他们还对其进行了问卷调查。结果显示，在播放古典音乐的情况下，顾客的人均消费为 30.22 第纳尔（实验在突尼斯进行，第纳尔为突尼斯货币），而播放流行音乐时的人均消费仅为 22.80 第纳尔。该试验中的人均消费之所以增加，是因为顾客在听到古典音乐时购买的商品数量较听到流行音乐时有所增加。然而，在播放这两种背景音乐的条件下，顾客在商店里的停留时间却大致相同，而且研究人员也没有观察到顾客在购物乐趣、心情、注意力和对商店及其氛围评价上的差异。这就倾向于表明，古典音乐激发了该试验探索因素之外的、其他范畴的观点或情感。

结论

我们已经观察到：古典音乐鼓励人们购买更名贵也更昂贵的葡萄酒，还会促使一家餐厅的顾客增加消费。对于这些研究者而言，音乐有可能起到一种外部信号的作用，并指引人们采取相应的行为。由于古典音乐会给人一种更有内涵、更高端的印象，人们便采取一种与之相称的态度，并趋于选购一些更高档也更贵的产品。

在某些场合播放古典音乐确实是明智之举，不过我们事先还是应该仔细研究我们想要顾客加强的购买行为。诺斯、希尔库克和哈格里夫斯于 2003 年通过实验发现：古典音乐虽然对食物的消费量有影响，但对饮料和酒的消耗数量却不起作用。显然，根据不同的背景或商品，人们被激发的购买行为也不一样。

05 为什么当你听到手风琴的琴声时，你会购买法国产品？

手风琴和风笛是世界人民对法国音乐的刻板印象，如同弗拉门戈[①]代表“正宗”的西班牙音乐一样。要知道，刻板印象不一定是真实的，但它也会发挥作用。很多国际知名的法国歌手、乐队和音乐家都不吹风笛，或者不拉手风琴，但人类在面对大量需要处理的信息时，却免不了求助于这些现成的思维模式来更快地做出决定。有现象表明，刻板印象

① 安达卢西亚民间音乐。

似乎会引导人们做出某些特定的选择，而这正是一些商家期待看到的结果。

上述效应由三名英国科研人员诺斯、哈格里夫斯和麦肯德里克于 1997 年研究指出。实验在一座英国城市市郊的一家超市里进行。研究者在试验区播放的音乐或来自法国，或来自德国。实验持续了两周，每天都在特定的时间进行，且每段音乐的播放时长均为 15 分钟，两类音乐的播放时段随机变化，以避免一切方法论方面的问题。研究者挑选了 4 种法国葡萄酒和 4 种德国葡萄酒，并将它们设置在商店酒水区的货架尾部。需要说明的是，这些葡萄酒的价位大致相同，且在口感质量上获得的评价也没有差别。一名观察员负责在商店出口找到手里拿着上述葡萄酒的顾客，并询问他们是否愿意就刚才的购物经历接受问卷调查。顾客们需要回答：他们为什么选购了手里的酒，平时更偏好法国酒还是德国酒，以及商店里播放的音乐让他们联想到法国或德国的程度。最后顾客们还要说明，音乐到底有没有影响他们的选择。

各类观测项目的数据平均值

	法国音乐	德国音乐
购买的酒（占总销量百分比）		
法国葡萄酒		
德国葡萄酒	48.78	14.63
	9.75	26.83
联想到其中一个国家的程度（数值越大表示思绪越强烈）		
法国		
德国	6.25	2.50
	1.52	6.08
平时偏好的葡萄酒（数值越接近 0 越偏好法国酒，越接近 10 越偏好德国酒）	3.54	5.58

根据不同的音乐类型，人们显示出了截然不同的选择倾向，而且我们注意到，播放的音乐与销售量领先的葡萄酒原产国之间有着协调一致性。音乐会让人联想到与其对应的国家，就连人们对哪一个国家的酒的偏好都会随着音乐类型的不同而变化。因此，音乐既能改变人们的购买行为，又能改变人们对产品的评价。涉及顾客对自己购买行为的解释，这也是问卷的最后一个问题，仅有一位顾客表示自己是因为音乐才购买了葡萄酒，7% 的顾客认为自己的购买行为稍微受音乐的影响。在被问到平时偏爱哪国酒时，顾客都表示自己购买的就是平时偏好的酒。

值得注意的是，休谟、多德和格里格于 2003 年在美国的一家葡萄酒专卖店里，仿照上述实验模型进行的一项新版实验却没有显示出音乐（该试验中播放了法国、西班牙、澳大利亚、南非音乐）带来的刻板印象效应：顾客对葡萄酒的选择并没有受到背景音乐的影响。对于这些研究人员而言，实验结果的差异可能是源于背景环境的变化：这次实验是在一家葡萄酒专卖店进行，而不像先前那样是在一家超市。在一家超市里，实验对象要处理的信息要多得多，因此他们会更多地听从直觉，并接受启发式的信息，比如音乐传达的刻板印象。而在一家葡萄酒专卖店里，情况就不一样了。人们来到店里时，通常已经事先决定好了要买某种酒，他们的决定不会随着环境的变化而改变。而超市里的顾客常常会当即决定购买一些本不列在购物清单中的商品，因此环境和背景音乐会对其产生更显著的影响。

用鲜花传情达意！

播放的音乐类型与其激发的购买行为之间具有一致性，这种效应不仅仅局限于葡萄酒的消费。雅各布、盖冈、布莱布里和赛尔米曾在一家花店里播放音乐，并观察了顾客在进入该店后的举止。研究人员根据不同情况播放了法语情歌、流行音乐和店家平时的状态——不播放音乐。

不同条件下的人均消费金额和购物用时

	爱情歌曲	流行乐曲	无音乐
人均消费（欧元）			
男性	36.3	30.3	25.2
女性	30.1	25.2	27.0
购物用时（秒数）			
男性	207	116	177
女性	347	179	270

> 法语情歌会使顾客，尤其是男性顾客的消费明显增加，该试验中的男性更能受到音乐的影响。这种现象可以用人们买花的目的来解释：男性买花通常是赠予女性，并且带有强烈的情感因素；女性买花也是赠予女性，这其中也有情感因素，但更多的时候是出于礼节。比如，女性被邀请到朋友家里吃饭，通常会选择送花。情歌还使顾客们，尤其是女性顾客延长了他们在店内停留的平均时长，产生这种现象很可能是因为：这些歌曲让人产生了倾听的快感或唤起了听者的某种情绪。

结论

音乐可以影响消费者对产品的挑选，尤其是当播放的音乐与产品之间存在某种联系的时候。音乐起到了类似导火索的作用，然而实验对象却总是强调，他们对这种影响并不知情。也就是说，我们会在无意识的情况下，利用某些刻板的印象去引导我们的购买行为。在冲动消费的情形下就会发生这种现象：周围的环境气氛能够导致我们在不自觉的状态下购买这样或那样的商品。如今，我们的许多购买行为和选择很多时候都不再受理性的支配，而是被某一特定时间或某种背景下产生的冲动情绪所操纵。

06 为什么不同风格的音乐会对购买行为产生影响？

既然我们能够在某些场合下，通过播放某种音乐来引导消费者选择某类商品，或通过调高或降低音量来使顾客做出某些消费行为，那么我们完全可以通过进一步推导，提出在同一家商店里的不同区域播放不一样的背景音乐的要求。叶兹和施潘根贝格于 1993 年开展的一项研究表明：上述提议经观察验证，确实有效可行。同一种节奏的音乐不一定适合每一个人，我们应该设法为每一个客户群找到最适合他们的音乐。尽管这样操作的成本不容小觑，但从技术角度来看，在不同区域播放多样化背景音乐的做法是可行的。

> 叶兹和施潘根贝格的实验观察对象是美国一家大型服装卖场内的男性和女性顾客。卖场内的不同部门毫无疑问地对应于不同类型的服装，且每个部门显然都分为男装区和女装区。实验正是基于卖场的这一布局特点，证实了顾客在购买行为上的区别。实验区选在了男士运动服柜台和女士大衣、裙装柜台。研究人员按照预定的时间，在卖场的不同区域播放了一段至少长达 15 分钟的音乐。音乐类型为节奏较快的现代器乐曲，或拍速较慢的器

乐伴奏歌曲。观察员们任由顾客自行完成购物过程，然后在他们将要离场的时候请他们回答几个问题。提问要求顾客根据几个等级，对卖场从舒适程度和档次高低等方面做出评价，并评估卖场播放的音乐是否符合顾客的音乐喜好。他们还根据人口统计学的需要，向顾客询问了其个人信息。其中包括年龄、职业等，并在顾客不知情的情况下观测了他们的购物率和消费总额。

两种类型的音乐在不同区域内对购物行为的影响

	节奏较慢的歌曲	节奏较快的纯器乐曲
女装区		
—购买率（百分比）	57.0	26.0
—消费总额（美元）	22.22	8.91
男装区		
—购买率（百分比）	54.0	76.0
—消费总额（美元）	18.13	34.18

结果再次表明，不同的音乐类型对购物行为有影响。此处有趣的现象是，顾客根据性别的不同，购买的行为也有反差。男性和女性在相同类型的音乐环境下，表现出了相反的购买行为。另外，这种反差现象也被顾客在问卷调查中做出的评价进一步证实。例如，在播放慢节奏的音乐时，女性顾客会觉得卖场更舒适、更高端。

在上述试验中，尽管男女顾客的反响有差异，但与无音乐的环境相比，播放音乐仍然对销售起到了更积极的作用：在有音乐的条件下，平均购买率为 54%，而无音乐的条件下则为 47%。同时研究者也留意到，实验对象在音乐影响下的购物行为与年龄因素有关，而且实际观测结果甚至有些出人意料：18—49 岁的顾客在慢节奏音乐环境下的消费额比在快节奏的情况下要高，对于年龄更长的顾客情况则相反。据推测，带有歌词的音乐很可能对年轻顾客有更显著的影响。

这项研究说明，我们有必要根据具体的背景，认真评估需要使用的音乐类型。在第 4 节中我们已经看到，实验人员可以在一家餐厅的酒水部，通过播放古典音乐来引导顾客购买价格更高的葡萄酒。但你千万不要以为所有的饮料消费行为都会受到这样的影响。威尔逊于 2003 年在一家餐厅里播放了不同风格的音乐，包括爵士、古典、流行和无音乐，并观测了这些音乐对酒品消费量的影响。其结果是，播放古典音乐的效果与无音乐的情形并无差异，而流行音乐和爵士乐却促使顾客消费了更多酒精类饮料。由此可见，我们应当想清楚自己想要达到的销售结果：卖得更多还是卖得更贵。目标不同，选择的音乐类型自然也就不一样。

最好的做法是根据商场类型来测试与之最搭配的音乐。本·达马内·穆勒希曾在 2009 年就提出要将专卖店和日常消费品商店区别开来。该研究者选择了一些顾客熟悉或陌生的古典音乐和流行音乐，并分别在一家专卖香水、化妆品的商店和一家大型超市里播放。结果显示，在化妆品店里播放顾客熟知的音乐时，售出的商品和人均消费额都有所增加。而在大型超市里，研究者却没有观察到音乐类型带来的任何影响。这些结果越来越证明，要找到一种合适的音乐类型，没有既定的法则可循，我们必须通过测试和评估来得出最符合目标人群的音乐类型。

结论

我们之前已经反复强调过音乐对消费者购买行为的积极影响。以上阐述的实验表明，我们有必要通过进一步的探索，找出对某一特定对象最具影响力的一首或一类音乐。而这样的评估，唯有依靠实验研究和大量调查才能完成。

07 为什么人们要在露天集市播放音乐？

到目前为止，上述研究案例的实验地点不是选在一些气氛恬静或活跃的餐厅，就是在一些嘈杂的商场，简而言之，都是在一些封闭的场所。然而，其他情况也可以作为我们的研究对象。盖冈、雅各布和勒戈埃雷尔于 2002 年观测了一家商贩在露天集市上播放音乐的效果。不过与先前使用的方法有所不同，该试验仅从商家与顾客的关系推进到一定阶段的某刻起，研究音乐的影响。

> 盖冈、雅各布和勒戈埃雷尔的实验在外省[①]某著名旅游城市的一个露天集市上进行，城市人口约为 7 万人。三位年轻的女性在该露天市场上经营一个摊位，出售一些小玩意儿和玩具。这些商品个个都小巧玲珑，而且展示给路人的式样和数量繁多。再加之产品价格低廉、外观诱人，所以常常会吸引很多人驻足观赏。一些观察人员会在不远处随机选择一人进行观察，同时通过一个遥控器，利用设置在摊位下方的便携式音响来播放音乐。选用的音乐是一段器乐曲串烧，曲风欢快活泼、悦耳怡人。接下来，观察人员会记录下被观察者在摊位前的停留时间，及其消费的总金

① 法国人把巴黎以外的地方都叫作“外省”。

额。被观察者一旦离开摊位，观察人员便关掉音乐，并在片刻之后重新进入另一段观察。

观察结果如下：

	有音乐	无音乐
在摊位前的停留时间（分钟数）	5.19	3.51
购买比率（百分比）	18.33	10.0
人均消费总额（百分比）	41.60	37.20

结果显示，音乐对路人在摊位前的停留时长有很大影响：他们会在有音乐的情况下驻足更久，而且他们的购买行为也有相应的改变。

结论

对一个商贩来讲，播放音乐不失为一个让自己的摊位脱颖而出的好办法。上述试验表明，播放适宜于场地和商品的音乐能对消费者的行为产生积极影响。尽管这项研究没有测试不同类型的音乐，但观察结果说明，一种更新颖、更能衬托商品自身特点的音乐还有待进一步的探索和发现。

08 为什么音乐会对来电者的等候时长有影响？

等待电话被接通的经历是我们大家都有过的。为了让等待的过程不那么枯燥，也为了让我们更有耐心，电话里会循环播放一首音乐，并且每隔一段时间就会出现一条用女性嗓音朗读的信息，告诉我们线路正在努力接通当中，或请我们耐心等待。

你或许已经注意到，近几年来，人们为选择合适的电话等候音乐着实费了一番功夫：维瓦尔第的著名作品《四季》终于退出历史的舞台，取而代之的是更有创意、风格更多元化的音乐，有些地区甚至选用了特别能显示其地方特征的音乐。比如我的大学位于莫尔比昂省的海岸地带，你要是往那儿打电话，便会听到一曲风格现代化且节奏鲜明欢快的凯尔特[①]音乐。如今的人们之所以拓宽了等候乐曲的选择“范围”，是

① 莫尔比昂省位于布列塔尼大区，而布列塔尼人的祖先是公元 5、6 世纪从英格兰渡海而来的凯尔特人，该大区至今还保留着很强的凯尔特文化。

因为他们真切意识到音乐对来电者的等候时间的长短有影响。

拉莫斯在1993年进行的一项实验的对象是那些向美国佛罗里达州反虐待保护部门打去电话的求助者们。在这种特殊的背景下，留住人们在线等待的意义就显得尤为重大。因为要检举揭发这样的罪行，人们往往需要在每一次拿起电话前都鼓起很大的勇气，所以我们必须设法让求助人尽可能地留在线上，直到接线员接听为止。这项实验持续了十周，其中，每五周为一个周期。研究人员每一周都会安排一种风格不同于上一周的音乐，由一台计算机负责播放音乐，并统计打进电话的数量和人们挂机的数量。挂机率 = 挂机数量 / 打进电话数量，根据不同音乐类型得出的挂机率（乘以100以方便读数）被呈现在下列综合图表中。

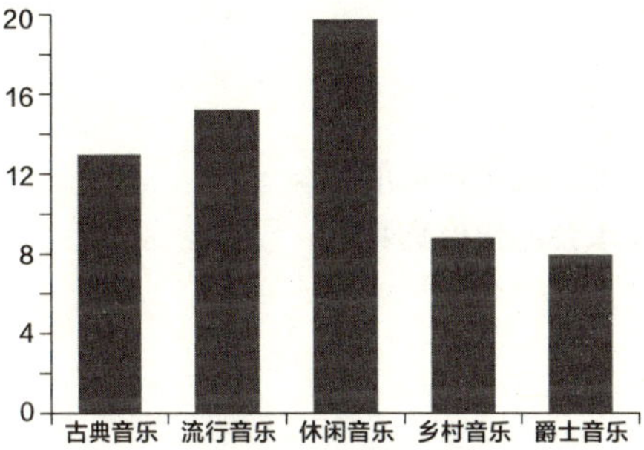

根据不同音乐类型测得的
挂机率（百分比）

结果表明，休闲音乐似乎是最不适合该部门使用的音乐，而爵士乐却明显起到了降低挂机率的效果。

结论

打进电话的求助者在等候期间，因为听到的音乐类型不同，采取的行为也不一样。挂机率最高的音乐和最低的音乐之间竟有一倍的差距，由此我们也看到了选择音乐的重要性。不过在上述实验中，研究者并没有研究无音乐的情况。诺斯、哈格里夫斯和麦肯德里克于1999年在英国完成的一项研究局部地填补了这一空白，该项研究主要证实了两种音乐之间的差别。这些研究者发现，比起一首蜚声四海的甲壳虫乐队的歌曲，一首排箫演奏的安第斯音乐更能鼓励人们在线上等候得久一些。但同时也强调了这样一个结论：伴随着音乐播放一条语音信息比单独循环播放这条信息更能有效地延长来电者的等候时间。因此对一个组织或团体而言，开展这方面的音乐评估工作绝不是无效果和无意义的。以上的种种实验案例再一次证明，在没有找到现成的解决方案之前，我们唯有不断地进行测试。

09 你知道吗？超市播放的快节奏音乐会加快你购物的速度。

你经常会用脚去为一首歌或一首曲子打拍子，但你会想到音乐节奏还能对其他行为，尤其是你的购物行为产生影响吗？当然不会。因为我们很难在这些看似没有关联的行为之间建立联系。然而在商场、餐厅等真实情境下展开的若干项研究都告诉我们，这种影响是真实存在的。

商家在某些情况下，会希望顾客在商店里停留的时间比平时稍长或稍短一些，但却常常苦于不知该如何操作。其实调整音乐的播放速率就可以帮助这些商业场所的负责人达到他们预期的效果。米利曼的一项研究为该领域提供了重要参考。

米利曼于 1982 年在美国某中等规模城市的一家超市进行了实验，测试同一首乐曲的两种不同播放速度对顾客行为的影响。实验过程中，研究者根据随机规定的时刻，以“快”节奏和“慢”节奏分别播放了一首主要由乐器演奏的背景音乐。实验还加入了一种对照情况，也就是超市不播放音乐的情况。研究者测量了顾客在商店某些关键地点的行走速度，同时也统计了销售额。在商店出口，一些顾客还接受了问卷调查，以评估播放的音乐是否引起了他们的注意。

	慢音乐	快音乐	无音乐
经过不同地点所用时间（秒数）	127.53	108.93	119.86
平均销售额（美元 / 天）	16740	12112	无数据

较无音乐的情况而言，播放音乐对消费者的行为有双重影响：慢音乐趋向于减缓顾客的行走速度，而快音乐则正好相反；此外，节奏的快慢还对销售额有直接影响，因为顾客在慢节奏的音乐背景下购买了更多商品。令人惊讶的是，尽管音乐带来了上述影响，但顾客们均表示自己并没有留意超市是否播放了音乐。

结论

顾客似乎会根据音乐调整自己的行走节奏，并且该现象还会影响到销售，因为与快音乐相比，慢音乐促使销售额增长了 38%。这样的结果可能是由于顾客更多地关注了商品，进而产生了购买意愿。有研究人员指出，与快节奏音乐相比，慢节奏音乐更有利于顾客记住产品说明或广告信息。

米利曼的研究在结论表述上有其局限性，因为研究者并没有给出无音乐条件下的平均销售额，而这给实验总结带来了困难。我们虽然已经证实了音乐的快慢对销售有影响，却始终不知道与无背景音乐的情况相比，慢音乐是否有益于销售额的增长，也不知道快音乐是否会导致销售额的降低。不过我们还是可以做出这样的推论：假如行走速率与销售额之间存在直接联系的话，那么与无音乐的情况相比，慢音乐确实会增加销售额，而快音乐会减少销售额。

10 如何让顾客在餐厅里待得更久并且消费得更多？

刚才我们已经看到，卖场中音乐的播放节奏会影响顾客的行走步调。然而研究者还观察到，即使是在静止的姿态，我们也有一些意想不到的举止会顺应音乐的节拍。

> 考德威尔和希伯特于 1999 年发表的研究报告中分析了英国一家餐厅的顾客在音乐快慢影响下的举止变化。研究者根据不同情况，以较慢的速度和较快的速度向顾客播放了同一首爵士乐。在工作人员的协助下，一些观察员被安排在餐桌周围的有利位置，暗中对顾客的行为进行观察。他们记录下了顾客们的实际用餐时长，以及在菜品和酒水上的开支。在顾客离去之前，研究人员以调查需要为由，请他们估计了一下自己在餐厅花费的时间。

各种估计数据的平均值

	慢速音乐	快速音乐
用餐时长（分钟数）	95.56	82.00
估计用餐时长 / 实际用时的差值（分钟数）	—4.77	1.18
食品消费额（英镑）	18.14	16.14
酒水消费额（英镑）	9.12	6.04
用餐消费总金额（英镑）	27.33	22.14

除了估计用餐时长与实际用时的差值以外，其他观测项目从统计数字来看也都显示出了差别。速度慢的音乐会使顾客延长用餐时间，并增加消费。

结论

播放慢节奏的音乐便是让顾客在你的餐厅停留更久的秘诀，并且人均消费额会因此而有所增长。值得一提的是，这些结果其实早就在美国的一家餐厅得到证实。尽管这位研究者当时并没有在人均食品消费额上观测到差异，但他在其他项目上的观察结果都显示出了同样的区别。

人们还观测了音乐的快慢对其他举止带来的影响：罗巴雷和他的合作团队在 1985 年发表的研究报告中指出，一间自助餐厅里的顾客会在快节奏的音乐环境下，用更快的速度咀嚼食物。这会不会是一个促使消费者更快结束用餐的好策略呢？

11 为什么你会在听到快节奏的音乐时喝得更多、更快？

音乐节奏的快慢能影响消费者在一家商店、餐厅或咖啡馆里的停留时间。我们一般会建议这一部门的职业人士播放速度较慢的音乐，以便如我们之前总结的那样，增加人均购物或用餐的消费金额。但在另外一些情形下，商家关心的却是如何加快顾客的用餐或行走速度。为此，播放快节奏的音乐或许更有利于达到这样的效果。酒吧或夜店的经营者们应该能从迈克爱瑞和斯坦丁的实验中获得不少启发。

> 迈克爱瑞和斯坦丁召集了一些学生，并把他们分成 5 人一组来参与一项调查。研究者邀请他们每人喝一罐汽水，并跟他们说是为了征集他们对汽水口味的评价。研究对象被带到一个将会播放音乐的大厅里，按照不同的情况进行实验：一种情况下，他们会听到以较快速度播放的音乐；另一种情况下，他们会听到以较慢速度播放的音乐，但两种情况播放的都是同一首钢琴曲。研究者建议学生们不要着急喝完汽水，可以一边喝一边互相讨论。接下来，他们便透过一面单向透视玻璃来观察每个人喝完汽水所用的时间。下图展示的，便是学生们在不同音乐速率下喝完一罐汽水所用的平均时间。

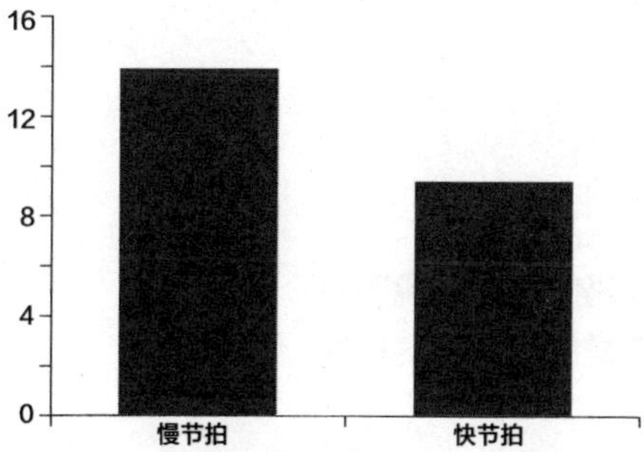

喝完汽水所用的平均时间
（分钟数）

> 结果显示，播放快节奏的音乐能提高人们喝完一罐汽水的速度。

结论

播放快节奏的音乐对酒吧或夜总会的经营者更有利，因为在这种音乐环境下，顾客们会加快喝饮料的速度，进而有可能会喝得更多。音乐的拍速与饮料消费行为之间的某种一致性已经一目了然，但似乎还有很多行为也会受到这样的影响。诺托诺和他的团队在 2000 年进行的一项研究中使用了与上述实验相同的音乐类型，并以大致相同的节奏播放了音乐。研究结果表明：实验对象在拍速慢的音乐环境下会需要更长的时间来临摹一些简单图形。由此可见，我们似乎可以把音乐的速度比作我们行为的推动力。不过，即使上面两个实验的结果不谋而合，我们也不能将所有情况都一概而论。巴赫和舍费尔于 1979 年在酒吧展开的一项研究中，探索了乡村音乐的播放速度与顾客的饮料消费速度之间的关系，而结果却显示两者呈负相关：音乐的拍速越慢，顾客喝饮料的速度越快。这种行为反应上的差异可能是音乐类型，以及酒吧或顾客类型的不同造成的，由此也再次突出了多实验、多比较的重要性。

12 你知道吗？你的心跳频率与你偏爱的音乐节奏相同

音乐的速度会在不同背景下，对消费者的不同行为有影响。一般来说，那些被研究者称作拍速慢（四分音符为一拍，每分钟 65—75 拍）的音乐往往会比一些拍速较快（四分音符为一拍，每分钟 90 拍）的音乐带来更大的影响。我们不禁要问，为什么速度为 65—75 拍 / 分钟的音乐会有这样的影响力？如今，多项研究都对此做出了解释，而这个答案与你的联系之密切绝对超乎你的想象。

> 日本研究者岩永在 1995 年带领一些学生做了如下实验。他全程不间断地测量着学生们的心率和呼吸，而学生们则被要求通过一个滚轮来调试一个标准化声音[1]的节奏，直到调至他们最喜欢的节奏为止。一半学生从很高的频率开始调，另一半学生则从很低的频率开始，这样既可以让受试者们均匀地从不同的参考频率开始测试，又可以让两种极端的频率都被测试到。接下来，由于个体偏好的节奏各不相同，研究者为每个人计算出了一个比率（喜好节奏 / 心率）。需要说明的是，学生们并不被告知自己心跳频率和呼吸节奏；滚轮也只是起到一个节拍器的作用，不会向受试者们透露任何数值。

① 普通的统一声响，该实验不使用音乐的好处是避免了乐曲的感情色彩对受试者们产生干扰。

结果显示，根据学生们的各自喜好计算出的比率大都等于1，这就说明受试者们的心率对应于他们最喜欢的节奏。

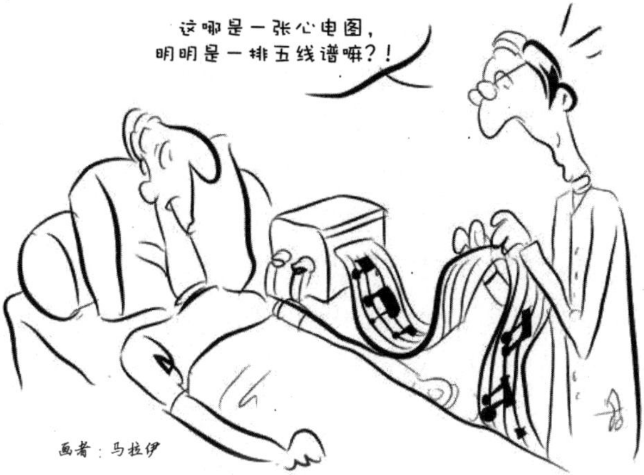

结论

根据上述实验的结论，我们的心率便是我们最爱的节奏。岩永在1995年完成的另一项研究用一种不同的方法证实了同样的结论。这一次，他选择了一首大家耳熟能详的乐曲，并让受试者们调节一个用于控制节奏的滚轮，直至歌曲达到最符合他们心意的播放节奏为止。结果再次表明，受试者们对该乐曲的偏好节奏与其心率吻合。

我们的心脏就仿佛我们的节拍器。如果我们回顾一下先前那些对节奏影响的研究，就会发现一个惊人的现象：以65—75拍/分钟播放的音乐通常被认为是慢节奏的音乐，但也正是这些音乐对人们，尤其是消费者的行为有十分积极的影响。而令人惊奇的是，65—75次/分钟正是人在安静状态下的平均心跳频率。

13 为什么快节奏的音乐有利于记忆?

随着人们进入宽带上网时代，各类网站带来的感官体验也越来越丰富：动画、网络图片、复杂的音效，以及存在已久的背景音乐。当然就目前而言，我们完全可以选择关掉这些声音，但恐怕在不久的未来，像互联网这样一个综合化程度越来越高的多媒体世界将不得不持久依赖声音这个媒介。为了提前迎接感官时代的到来，一些研究者们理所当然地探索了背景音乐在人们浏览网页时带来的影响。

让一菲利普 · 加兰于 2002 年研究了互联网用户在登录一个文化类网站后的表现。这家网站会以三种不同的速度播放同一首音乐，即拍速分别对应于 70 拍 / 分、100 拍 / 分和 140 拍 / 分钟的慢速、中速、快速音乐，用户会随机听到以其中一种速度播放的音乐。接下来，研究者会统计用户们浏览网站的每一页所花费的时间。

在此背景下，音乐的快慢确实会影响人们浏览一个页面所用的时间：与快节奏的音乐相比，慢节奏的音乐会导致人们多花近 50% 的时间去阅览该页面。

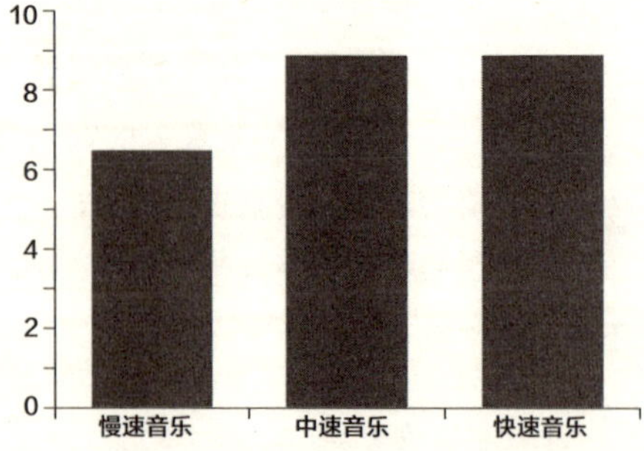

根据不同音乐节奏浏览每页的平均用时（秒数）

既然音乐节奏的快慢能够影响人们阅览网页的速度，那我们也可以猜想出它会对其他因素有影响，尤其是那些与网站信息的评价和处理相关的因素。盖冈和雅各布在2004年的一项研究中曾试图验证这个猜想，他们的研究结果会让网络上的广告发布者们十分感兴趣。

盖冈和雅各布曾明确要求一群熟悉互联网的学生对一家网站做出他们的评价。这是一家引人入胜的葡萄酒工艺学网站，其特点是网页中包含了12条广告信息栏。受试者一旦开始浏览网站，耳边便会响起一首以慢速、中速或快速播放的古典音乐，试验中还研究了不播放音乐的情况。学生们有5分钟的时间来浏览网站，之后他们需要回答一些问题，例如对浏览用时的估计、对网站的评价、阅览舒适度以及内容是否有趣等。最后，研究者还就网站中包含的广告对他们进行了一项记忆测试。

结果表明，人们在有音乐的情况下所估计的浏览时间，总的来说要比在无音乐的情况下更久。关于对网站的评价，人们发现：音乐的存在会使人们对网站的印象更积极，浏览过程更轻松、色彩看起来也更舒服。不过三种节奏在这方面带来的效果却差异甚微。

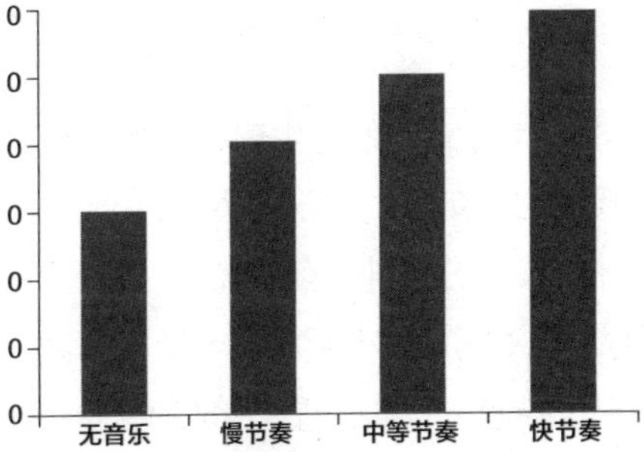

被记住的广告平均数量

> 正如上图中的线性增长趋势所示，播放音乐，尤其是快节奏的音乐，有利于记忆。

结论

音乐给网络用户的行为和评价带来的影响已经一目了然了。我们也从中观察到了一些看似矛盾的结果：虽然人们在慢节奏的音乐背景下会花更长的时间去浏览网页，但他们的记忆效果却反而不理想。其实，这个现象也是有理论依据的：让人兴奋的音乐似乎具有更强的激发性能，所以能更好地促进记忆。这种表面矛盾的实验结果也再次证明，评估行为和认知层面的现象就应该采取我们心理学上使用的方法，这样才能解释清楚音乐和其他因素对众多行为的影响。

14 分贝与行为

医学研究证明，声音对我们的生理反应有影响。然而，声音环境的质量也会影响我们的社交行为。心理学研究表明，我们的社交行为可以受到来自周遭环境噪声的深刻影响。

> 马修斯和坎农在 1975 年做了一项实验，他们以路人为实验对象，研究了噪音在一条街道上造成的影响。他们安排了一名同伙按照手臂上打或不打石膏的两种情形进行实验：这名同伙怀里抱着一大摞书从一辆车里走出来，并故意在一位路人面前把书掉

了一地。与此同时，在离该同伙不远处的一个院子里，另一名同伙在操作一台没有装消声器的除草机，并负责制造出两种等级的噪音：尝试启动机器却还未果阶段发出的一种等级较弱的噪音（约 50 分贝），以及启动成功后马达轰鸣产生的一种等级较强的噪音（约 87 分贝）。接着，研究者便观测了愿意伸出援手，替第一名同伙把书捡起来的路人比率。

援助同伙的路人比率

	弱噪音	强噪音
打了石膏的情形	80%	15%
不打石膏的情形	20%	10%

结果很明显，人们很难忍受造成不适感的噪音环境。在强噪音的环境下，即使面对一个明显需要帮助的人，比如实验中那位手臂打了石膏的“可怜人”，人们也会选择置身事外。

令人不适的噪音会妨碍人们采取与情况相适应的行动，甚至会干扰人们发挥利他主义精神。有时，只消一些极其细微的因素，就能够打消人们助人的善心。科尔特、雅普玛和托本于 1975 年发表的研究报告中指出，仅仅因为机动车行驶的噪音增强，就会有更少的路人愿意提醒走在他们前面的那个人捡起他适才“无意中”掉下的一把钥匙。这已经不是人类逃避不舒适刺激的反射那么简单了。马修斯和坎农在更严格的实验控制下证实了他们先前得到的结论。一个人来到实验室参加面试，他被安排与一名实验者的同伙一起在候客室中等待，该同伙佯装正在阅读怀中一大沓报纸上的一篇文章。实验者通过暗中设置在候客室里的几个扬声器，根据不同情况播放了不同强弱的环境噪声，分别为

85分贝的强噪音、65分贝的弱噪音和无噪音。片刻之后，实验者来到候客室里叫同伙接受面试，于是该同伙便在起身的时候故意让报纸掉到地上。就这样，研究人员观测了实验对象采取助人行为的比率。结果显示，分别有68%和72%的人在弱噪音和无噪音的环境下提供了帮助，而只有37%的人在强噪音的环境下伸出了援手。即使是在无法逃避的噪音环境里，人们的助人行为还是出现了抑制现象。这或许意味着人们在用自我封闭的方式减轻噪音对自己的影响，但这么做的同时，他们也停止了对周遭社交信息的分析。

结论

一个令人不适的声音环境会对我们的社交行为产生不利影响，诸多实验结果都揭示了这一现象，而且助人的善举还不是唯一被抑制的行为。阿普尔亚德和林特尔在1972年发表的研究报告中指出，一个令人不适的街道环境会减少邻里之间的交流与互动。而且我们还了解到，噪音环境会助长人们吵架、挑事的冲动。因此，所有对抗环境噪声的措施都有利于促进社会的良性互动。与此同时，这些研究还解释了为什么到大自然中去会给人的健康带来好处。因为森林景观不仅悦目，里面的声音还很悦耳。它时而发出自然之声，时而静谧无声，这样的声音环境与城市大相径庭。而这，也许就是大自然能给我们带来一系列积极影响的原因。

15 妈妈，我需要安静！

我们已经得出结论：令人厌恶的城市噪音不利于人们的社交。而对于那些处于学习阶段的孩子而言，这种噪音也是有百害而无一利的。一切有助于控制学习地点周围噪音的方法和措施都能给孩子的健康和学习带来益处。

> 科恩等人于 1981 年的一项研究是以洛杉矶某轻轨附近的一所学校作为观察对象。这条轻轨上每天有 300 辆列车通过，产生的噪音强度高达 95 分贝。该试验中，一部分学生被安置在了噪声最强的教室里，而另一部分学生则被安置在了安静的教室里。一段时间过后，研究者选择了一个安静的地点，对学生们进行了系统的问卷调查、知识技能测试以及生理测量。生理测量的项目是孩子们的血压，知识技能测试考察的科目是阅读和数学。

生理参数的平均值和知识技能测试的平均分

	静音区的教室	噪音区的教室
血压（毫米汞柱）		
舒张压	86.64	90.09
收缩压	44.99	48.46
阅读测试分数	37.85	30.30
数学测试分数	36.96	34.35

结果表明，环境噪声不仅会导致孩子们的学习效率下降，还会使他们的血压升高，并产生紧张的情绪。

结论

置身环境噪声中的孩子们，其认知力和生理机制都会受到负面影响。在对学生们进行了两年的跟踪调查后，研究人员还发现：外界噪音的有害影响一直在持续，也就是说，孩子们并没有随着时间的推移而逐渐适应这种噪音环境。此外他们还指出，即使对教室采取了降噪措施，情况也没有得到彻底的改善，因为隔音设施带来的积极效果是片面性的，它仅让年龄最小的孩子们提高了学习效率。这就说明，光对教室进行隔音是不够的，我们还应避免学生们在教室之外，或者学校之外接触到噪音。因此，大家必须设法降低整体的城市噪音。

16 鸟声啾啾，水声汩汩

既然人工或城市环境中那些令人厌恶的噪音会给生活在其中的人们带来负面结果，那么一个自然舒适的声音环境就会对人们的行为和健康产生积极的影响。

新井等人在2008年对即将接受外科手术的疝气患者进行了一项研究，这些患者在术前需要接受硬膜外麻醉。手术必然是令人焦虑的，而研究人员探索的正是体现这种焦虑的一项非常规性生理指标——他们要测量患者的唾液分泌水平。因为像这种令人焦虑的情形会导致我们分泌大量的唾液，所以对于研究人员而言，唾液分泌的水平便是焦虑程度的标志。患者被分为两组，其中一组会在手术过程中听到大自然的音效（沙沙的风声和鸟鸣声），而另一组则在不播放任何声音的情况下进行手术。研究人员分别在患者进入手术室的时候和术毕缝合阶段测量了他们的唾液分泌量。

结果表明，手术中听到大自然音效的患者在缝合阶段的唾液分泌量比刚进入手术室时要减少很多，而未听到任何背景声音的对照组却没有出现这种现象。人们还观察到，聆听大自然音效的患者组在缝合阶段的唾液分泌水平要显著低于对照组，而刚进入手术室时的情形却并非如此。也就是说，两组患者在进到手术室时的焦虑程度是相同的，但大自然的音效能帮助那组患者缓解这种情绪。

当病人非常焦虑的时候，聆听大自然的声音能使他们镇定下来。据研究人员称，产生这种效果很可能是因为这类声音具有让人深度放松的特性。在人们设想将大自然的声音环境应用到医疗领域的同时，又有研究指出，这种氛围的声音有助于社会关系的和谐。

盖冈在一项尚未发表的研究报告中，部分地仿照了马修斯和坎农的候客室实验模式，即研究者安排了一名实验对象与一名同伙一起在一间候客室中等待，该同伙佯装正在阅读课堂笔记。研究者对一组实验对象播放了以森林为主题的音效，对另一组则不播放任何背景音效。同先前一样，当同伙应研究者之邀准备起身的时候，他会“不慎”将写满笔记的纸张掉到地上，研究者便在这个时候观察实验对象的助人行为。

结果显示，在对照组中，即不播放大自然音效的情况下，有 67% 的人提供了帮助，而在聆听森林音效的那一组中，却有高达 93% 的人伸出了援手。由此可见，处在大自然的声音环境下，会让我们更愿意帮助他人。

我们观察到，大自然的声音不仅对个体内部进程（焦虑是个人内心的一个过程）有影响，还对个体之间的进程（帮助他人从本质上是一种推动人际关系的活动）有影响。

结论

大自然的声音能对个体产生积极影响。试想一下，将这些研究成果付诸实践该是一件多么振奋人心的事，因为播放大自然的声音比用绿植模拟自然景观可要简单易行得多。无论如何，我们可以想见的是，在牙科诊所这种会引起人们高度焦虑的地点播放该类型的声音将会收到很好的效果。

17 为什么声音具有镇静效果？

我们都知道，人们若能在病房或大厅的内部或外部看到绿色植物，便能减轻他们的痛感并减少他们服用止痛药的剂量。然而由于种种原因，我们无法总是为病人提供这样的环境，尤其是在治疗室或手术室，这些场所由于要遵守卫生标准的有关规定，所以必须对环境进行严格管控。不过，我们仍然可以有效地通过其他途径来唤起人们对大自然的想象，因为患者真的能够从中获益匪浅。

迪耶特等人于 2003 年开展的一项研究曾以一群到治疗室接受支气管镜检查的患者为试验对象。众所周知，该项检查因疼痛度高而极易引起患者的紧张情绪。一部分患者在标准条件下接受检查，而其余患者则在检查过程中一边观看一幅自然景象，一边通过佩戴耳机聆听自然的水流声和鸟鸣声。检查结束之后，研究人员让患者们对自己感受到的疼痛以及焦虑程度做了评估，还询问了他们在检查过程中呼吸的舒适度，以及今后愿意回来重新做这种检查的可能性。

结果表明，接触到大自然图像和声音的患者认为自己的疼痛感更低，呼吸更顺畅。同时，这些患者也表示自己有可能重新回来接受检查，并以更积极的态度评价了这项以他们为研究对象的调查。

结论

虽然在某些情况下，条件不允许我们往病人所在的环境中植入自然元素，但我们依旧可以使用一些能唤起人们对大自然联想的要素来达到预期的效果。因为大自然不论是真实的还是虚拟的，都能发挥其积极作用。据研究人员称，产生这种现象是由于某些生理范畴的变化会导致人体分泌一种用于感知和控制疼痛的神经冲动传递介质。由此看来，更多地向社会环境中引入自然元素是很有必要的。

18 为什么有些人的嗓音会让我们神魂颠倒？

大家知道，我们人类的某些特征，如性别、年龄、甚至是人种，是可以通过听嗓音判断出来的。但不管怎么说，这些特征从我们看到对方的那刻起，便一目了然了。因此，我们不禁要产生这样的疑问：如果我们只听一个人的嗓音，会不会被对方吸引？如果答案是肯定的，那么也就是说，我们发出的声音，其结构是为了达到自然界对所有物种都设定的一个功能。即使人类已经进化发展到了今天这个水平，人的嗓音恐怕也不仅仅只是语言交流的工具。你有没有想过，我们的声音特征可能会与夜莺的歌声有异曲同工之妙。

男性的嗓音和女性的评价

我们知道，人类的嗓音具有两性异型的特点：男性的嗓音比女性要低一个八度。造成这种差异的因素不仅有身高和体重，还有荷尔蒙，因为嗓音的音调与雄激素水平呈负相关的关系。那么，这一切又起到了什么作用呢?

男性雄风的隐藏面

某些研究者认为，嗓音的特征具有反映男子阳刚气概的功能。人们已经了解到，在非灵长类动物中，体形越庞大的个体，其叫声频率越低。于是我们猜想在人类当中，也存在这样的联系。这样的推测合情合理，因为发声频率取决于声带的直径和长度，而睾酮会影响这些参数。在灵长类动物中，声道的尺寸与骨骼的大小有关，这使得男性发声时更容易形成较低的共鸣和频率。男性在施展魅力吸引女性的过程中，最关键的因素就是交谈的内容或说话的方式，而且嗓音中的男子气概恐怕也有不可小觑的重要性。

> 柯林斯曾探究女性是否会根据男性的嗓音对其做出不同的评价，并想要了解其他的人体特征是否会与嗓音特点有联系。他找来一些 18—30 岁的年轻女性参加了一项研究：这些女性受邀聆听了数段男性对元音字母的发声录音。另一方面，研究者对参加录音的男性进行了身体数据的测量，如体重、身高、肩宽，甚至包括胸毛的疏密程度等。此外，研究者还对这些男性的嗓音进行了频谱和谐波的特征分析，以便获得音调的高度、声谱的振幅

等方面的参数。最后，研究者要求这些女性根据男性的嗓音来评价对方的吸引力，并估计其体重、年龄、肌肉、身高，甚至是体毛特征。

结果表明，男性嗓音的物理特点，如音调高度、声谱振幅等，与其身体的实际特征之间并没有联系。不过从女性的评估结果来看，情况就不同了。研究者发现，女性的好感度，以及对体重、年龄、体毛的估计与男性嗓音的谐波结构之间有一些联系：越是低沉的嗓音获得的各方面评估数值越高，也就是说，男性的嗓音越低沉，女性想象对方的外表越具有诱惑力，体格越壮硕，年龄越大，体毛越旺盛。

由此可见，男性的身体特征似乎与其嗓音的特点无关联。所以，与我们在动物界观察到的某些物种相反，人类从外形角度体现出来的魁梧阳刚与其嗓音的特点并没有联系。不过女性的评估结果却表明，男性的嗓音特点会导致她们做出与对方外形不一定相符的评估，而这一点才是在互动和吸引过程中至关重要的，毕竟交往的双方必须相互喜欢。有些人的嗓音似乎更加受到女性的欢迎，可这是为什么呢？有一种可能的解释是，嗓音更低沉的男性会被认为具有更优越的基因资本，因此女性会对他们更有好感。该观点已在动物界得到证实，于是我们不禁要推想它在人类当中的适用性。有研究指出，女性是否喜好某些类型的男性取决于她们的月经周期。因而我们猜想，女性对这种或那种嗓音的喜好可能也会因这个周期而定。

为了验证上述猜想，浦茨于 2005 年录制了一些 18—25 岁的男性的声音。在录音中，这些男性被要求在一种“试图说服一名女性与其约会”的假设下进行发言。研究者对每种嗓音都分析了其频率的平均高度，还向这些男性询问了他们拥有过的性伴侣数量。出于比较的目的，有几段录音经过处理后降低了半个音。接下来，一些同年龄段的年轻女性聆听了这些录音，并评估了她们对每种嗓音的好感度，好感度具体以她们想跟对方男性交往时间的长短来衡量，研究者提供了短期交往、纯粹为性的一夜情、中长期交往这三种开放性的尺度作为参考。这些女性还被要求告知自己处于生理周期的哪个阶段。

结果证实，男性嗓音的音调和女性好感度的评价之间呈负向关系，也就是说，男性嗓音的音调越高，女性的好感度越低。研究者还发现，男性嗓音的音调高低与其伴侣的数量多少呈负向关系，即嗓音音调最高的几位男性也是拥有伴侣数量最少的人，而嗓音音调最低沉的几位男性属于拥有伴侣数量最多的人。

研究者还观察到，嗓音音调最低沉的几位男性让女性更愿意与其发展中长期的伴侣关系。嗓音的频率看来真的是一个重要参数，因为那些经过处理变得更低沉的嗓音的确增加了女性的好感度，不过这种好感仅限于发展短期交往的关系，而且只有那些处于生理周期中适于受孕阶段的女性产生了这样的好感。

男性嗓音的音调与女性的偏好之间确实有联系，但这似乎也取决于其他因素，比如女性是否处在生理周期中适于生育的阶段，尽管该因素只利于发展短暂的关系。

研究者认为，以上结果基本验证了“女性寻求优良基因”的假设：低沉的男性嗓音能引导她们在最适宜生育的时机识别出这些品质。这种现象或许反映了雌性获取基因的原始方法，毕竟在遥远的时代，雌性仅在繁殖期接受交配。

女性的嗓音和男性的评价

虽然男性在两性交往中通常是口头交流的发起者，从这个意义上讲，他们的嗓音特点或许具有更大的重要性，但是女性的嗓音特点也会影响男性对她们做出的评价。有研究观察指出，女性的嗓音特点不但会在荷尔蒙的作用下产生改变，还会根据生理周期出现变化。

柯林斯和米辛在 2003 年完成的一项研究里曾邀请 18—30 岁的年轻男子通过录音和照片对年龄在 19—26 岁的年轻女子做出一系列评估。研究人员对这些女性进行了身高、体重、腰围等形体数据的测量，并录制了她们对元音字母的发音。随后对这些录音内容进行了频谱分析，还拍下了这些年轻女子的脸部素颜照。上述年轻男子则被要求对这些录音进行评估。他们要评价女性的嗓音是否悦耳，还要估计她们的年龄。接下来，研究人员向这些男性出示了年轻女子的脸部照片，并让他们据此评价对方外表的吸引力。

研究者发现，女性的嗓音在频谱分析时体现出了差异——谐波频率越高的女性身高越矮。不过，这也是研究者在嗓音的频谱数据和女性的外形特征之间观察到的唯一联系。

从男性的评估结果我们可以观察到：嗓音更有魅力的女性，其外貌也被认为更具吸引力。即使是在男性得知了女性的年龄之后，该结论依然成立。与此同时，嗓音的魅力似乎与年龄之间呈负相关——男性倾向于把他们认为魅力越小的嗓音与年龄越大的女性联系起来。

这就说明，嗓音和面容的吸引力大小与体形的胖瘦之间存在负向关系，即女性的嗓音越是缺乏吸引力，男性越是倾向于认为该女性体形壮硕。

结论

嗓音与外貌确实是存在联系的，并且我们注意到，具有某些频谱特征的嗓音会更受欢迎。越是年轻的女性，其嗓音越会受到好的评价。女性嗓音或许能提供其生育潜力的线索，而我们已经得出结论，男性的确是在寻求这种潜力。体型的健美程度和嗓音的关系也一样，生理功能的健康与否或许也能从嗓音的特点中体现出来。不过话又说回来，生理健康不就是生育能力的代名词么？

2
色彩、光线和温度对人的影响

所有人都会沉浸在物理环境中，并且人们现在已经知道，它在影响我们情绪的同时，还能影响我们的举止，包括像购买行为或社会关系这样一些具体的表现。我们的行为往往会去适应我们周围的色彩、光线和温度。因此，我们会根据当天的天气或室外气温选择穿不同颜色的衣服。我们之所以如此关心天气变化，不仅是为了知道是否应该带伞或如何增减衣物，还因为了解天气能改变我们的情绪和行为。最后值得一提的是，如今的商家之所以会不惜花重金在卖场里的灯效上，就是想通过灯光打造独特的氛围，因为他们知道照明效果会影响顾客的舒适程度以及对卖场的印象，以及最关键的一点——他们的购买行为。所有这些环绕着我们的波，如电磁波、机械波等，似乎都不可避免地影响着我们。

19 为什么当你感觉热的时候，你会选择穿冷色调的衣服？

我们所处的环境条件能影响我们对衣着颜色的选择吗？两位亚洲人类学家金和户仓的研究成果告诉我们，答案是肯定的。这些研究人员在 1998 年进行的一系列研究中指出，冷和热的感觉是影响我们着装方式的因素之一。

在第一组实验中，金和户仓测试了受试者对热的感觉。根据不同的实验设计，一些女性要浸泡在热水中，或在一间温度控制在 23–28°C 的房间里住 1 个月。当第一个实验的受试者们从热水浴中出来的时候，研究人员要求她们从 41 种颜色的衣服当中挑出自己想要穿着的颜色。结果显示，受试者们选择的颜色均属冷色系，无人青睐暖色调的颜色。第二个试验中，在室温受到控制的房间里居住了一个月的年轻女性，她们也做出了相同的选择。不过，她们选择的服装颜色还是会随着室温的高低而变化。因此，较高的温度使受试者们更愿意穿着一些冷色调的衣服。

在第二组实验中，相同的研究人员测试了受试者们对冷的感觉。他们的具体操作方法是利用风扇向女性面部吹凉爽度不同的风，选择脸部则是因为该部位鲜有衣物遮挡。接下来，研究人员要求受试者们选出她们想要穿着的服装颜色。为了方便她们进行选择，研究人员向她们提供了各种颜色的衣服。结果显示，当风扇吹出制冷的风时，受试者们大都选择了暖色调的颜色。然而，当风扇吹出常温的风或在不使用风扇的情况下，受试者们在着装颜色上的选择却没有差别。

结论

我们从这一系列的研究中发现，一些外部因素，如气温、一阵清凉或寒冷的穿堂风，都会左右我们对衣着颜色的选择。这一切再次说明，人类无法脱离其所处的环境来做出决定。此外，“人的行为会切合其周围环境”的假设似乎也得到了证实：当我们处在炎热的环境时，我们会在色彩中找寻凉意；当我们处在寒冷的环境时，我们会在颜色中寻求暖意。所以从方法学的角度来看，评估这些外部因素的影响是有必要的。对于一个专门出售成衣的店家，我们建议其根据室外温度来决定在橱窗里优先展示同款服装的哪一种颜色。

20 为什么是进入“白”热化状态而不是“黑”热化状态？

“气氛将进入白热化状态”“气得我眼睛发红”“他刚才一副火烧眉毛的样子”…… 许多表达都会提到热量这个概念，并常常把它看成一种会激发负面能量的因素。研究表明，气温确实会对我们的诸多行为和判断产生影响——它有时会助长人们寻衅滋事的冲动，有时却能融洽社会关系。值得注意的是，即使是相同的温度也不一定会带来相同的影响。

> 在巴伦和罗斯柏格在 1978 年进行的一项研究中，两位研究者查阅了两份官方资料，这些资料记录了从 1967 年到 1971 年在美国发生的集体暴力事件。研究者将“骚乱”定义成了有以下状况发生的事件：投掷酒瓶等物体、枪击、事件持续至少一天、群

体集结闹事、警方出面干预。也就是说，具有上述恶劣性质的事件才可以称为骚乱事件。与此同时，研究者抄录了骚乱发生期间的室外气温，他们的参考依据是在事件发生地测得的官方气象数据。研究者还将气温按照相等的温度差分成了 9 个区间，并根据统计出来的 86 起骚乱在这些区间里的分布情况列出了如下表格：

气温（摄氏度）	骚乱事件数量
0—4	1
5—9	2
10—14	6
15—19	7
20—24	22
25—29	21
30—34	24
35—39	2
40—44	1

正如我们所看到的，极端的温度不利于煽动人们的闹事行为。

此外，这些研究者还根据季节进行了分析，并将骚乱数量与季节的关系展示在了下列图表中，我们从中看出了巨大的差异。

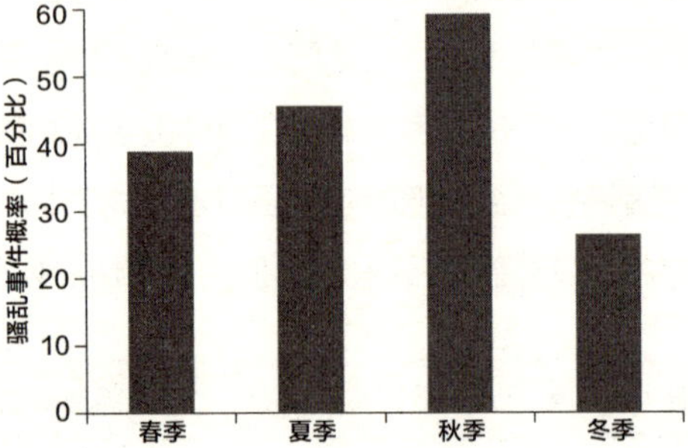

现在我们明白为什么一名法国保安警察或一名美国机动化宪兵[①]很难在夏天休假了。

上述研究结果在其他形式的行为观测中也得到了证实。两位同样名为安德森的研究者从警方提供的笔录中统计出了芝加哥在两年当中，从6月到8月发生的犯罪行为。气象局给出的温度数据是在该期间内以24小时为间隔测量得出的。结果显示，气温和犯罪数量之间存在一种单调线性关系，这与我们刚才在骚乱事件的研究案例中观察到的曲线关系并不一致。其实也难怪，因为在犯罪数量与气温的研究中，人们毕竟只观测了夏季的气温，而且在此期间并没有出现极端的温度。

由此我们看到，气温似乎对现实生活中的暴力现象有一些影响。但问题是，在上述研究中，我们很难检验骚乱或犯罪的真正起因。气温是造成这一切的直接因素吗？还是说与气温相关的其他因素会间接引发攻击性行为？比方说，如果天气太冷或太热的话，人们就会没有兴致喝酒，而在人们不醉酒的情况下，打架闹事的概率就会减少。鉴于这些质疑，一些研究人员为了能够直

① 作者站在一个法国人的立场分析法国国情，因为美国和法国在骚乱的频发程度上具有一定的可比性。

接检验气温与攻击性行为之间的关系，他们用实验探究的方式严格控制了温度及其他参数。

巴伦找了两个人来到实验室，其中一人是与实验者串通好的同伙，这两个人被要求执行一项学习任务。其中一人要扮演老师的角色，而另一个人则要扮演学生。实验者在他们抽签的过程中做了手脚，使得学生的角色由他的同伙来担当。接下来，学生会按照事先约定好的那样故意犯一些错误，并在犯错的情况下接受老师施加的电击惩罚。当然，根本没有“电击”这回事，但实验者会尽量做到逼真，使受试者相信这项惩罚的真实性。研究者按照两种情况调节了受试者所处的房间温度：常温或高温，并对其施加的电击强度和电击时长进行了测定。

估计数据的平均值

测量项目	常温	高温
电击时长（秒数）	0.47	0.38
电击强度（最强为 4）	2.9	2.2

结果表明，常温会助长攻击性行为，因为受试者在该温度下施加的电击强度更大、持续时间更长。相反，高温却能抑制这种暴力倾向。应当指出的是，尽管这些数据是在白天测得的，但我们在夜晚也能观察到同样的结果。或许在你看来，一个温和惬意的夜晚比较适合发展恋情，但谢弗、瓦拉诺、贾维斯和坎西诺在 2010 年发表的研究报告中却指出，夜间舒适的气温能够助长各种形式的侵害行为，例如交通肇事、盗窃、谋杀、性侵犯，以及家庭暴力，等等。

结论

气温和攻击性行为似乎确实有关联，但两者之间显然不是一种简单的线性关系。与我们之前普遍认为的看法相反，高温似乎能够抑制暴力现象的发生，而相对温和宜人的气温却会对其产生推波助澜的作用。

21 为什么你更喜欢用蓝色而不是红色的玻璃杯来喝冰汽水？

感官之间不是相互独立的，而我们所看到的也会对其他的感觉产生影响。现在几乎可以确定的是，那些主要通过视觉通道处理的信息会影响其他感官的判断，而颜色显然就属于这类信息中的一种。下面这个对饮料冰镇程度的感受实验便足以印证这一点。

> 在这项研究中，一些人受邀品尝同一种饮料，饮料被盛在了 4 个形状大小相同，但颜色不同的玻璃杯里，并且每杯中的饮料温度都一样。每个玻璃杯前的桌面上都贴着一张不干胶标签，上面写着一个序号。对于每位实验对象而言，杯子颜色和标签序号的对应方式都是随机安排的。根据实验要求，人们需要品尝每个玻璃杯里的饮料，然后通过比较指出哪个杯子里装的饮料最冰爽。

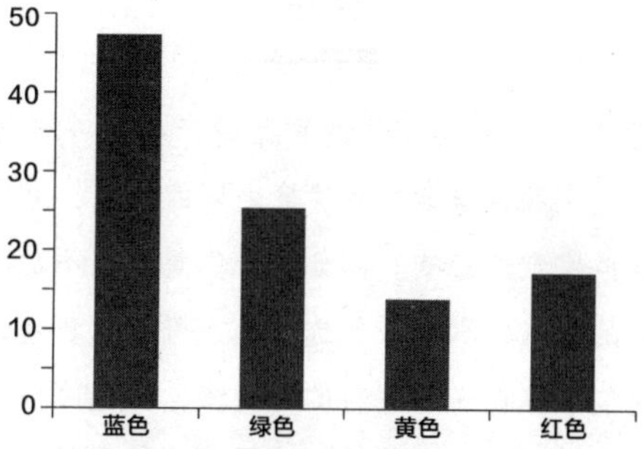

被认为盛着最冰爽饮料的玻璃杯颜色
（百分比）

上述图表说明，人们给出的答案并不是他们随意选择的结果。结果证明，与那些被称作“暖色调”的黄色和红色相比，被称作“冷色调”的蓝色和绿色更容易给人清凉的感觉。尽管人们品尝的可是每杯温度均相同的同一种饮料。

需要进一步得出的结论是，既然冷色能够突出饮料的冰凉感，那么暖色是否能够强调饮料的温热感。为了证明这一论述，研究者在另一项研究中，以相反的模式复制了上述实验：一些人在品尝了同一种热饮后，要指出哪一杯的温度最高。结果显示，当装盛这三种热饮的杯子颜色为红色时，人们普遍觉得饮品的热度更高。

结论

颜色能导致我们在品尝相同的食品时产生不一样的感受。上文介绍的实验仅仅探究了颜色与饮料冰爽度之间的关系，其实还有其他研究指出了颜色对其他感觉的影响。比如，若你想要在不加糖的情况下突出一种饮料或食品的甜味，那你应优选红色、橙色或黄色，而非绿色或蓝色。另外，黄色能够强调一种饮料的柠檬味，白色可以突出一种食物的咸味……当然，有时候无色才是最佳选择，不使用任何颜色反而能带来更好的效果。例如，啤酒在经过染色之后会让人觉得它不像原来那样解渴过瘾。由此可见，饮料或食物的颜色会让我们产生第一印象，并影响其他感官的判断。这样看来，食品工业部门确实有必要把颜色作为考察项目加入到他们对产品的评估流程中去，因为颜色已经显示出了它不容忽视的重要性。

22 为什么同一种奶酪在法国是白色的，在西班牙却是黄色的?

有句谚语说得好，“萝卜青菜，各有所爱”，对颜色的喜好自然也是因人而异的。若是要为一种即将上市的食品选择一种独特的颜色，那我们该何去何从呢？有研究指出，这样的选择必须经过慎重考虑，特别是当产品需要面向一些文化不同的市场时。斯坎伦开展的一项研究表明，根据目标人群的喜好来决定某种食品的颜色尤为重要。

斯坎伦曾于1985年邀请了一群商店顾客就一种奶酪给出他

们的品尝意见，这些顾客来自美国的三个种族，分别为白人、黑人和西班牙裔人。在试吃了两种奶酪样品之后，他们要说出自己更喜爱哪一种。其实，这两种样品根本都出自同一种奶酪，只不过一种为颜色近乎白色的膏体，而另一种则是偏黄色的膏体。研究者已经事先安排了一个对照组，在不看到样品外观的条件下品尝奶酪，以便确认两种样品的口味完全一致。对照组的品尝结果显示，两种样品均获得了 50% 的好评率。也就是说，人们在看不见奶酪的情况下，对两种样品的喜好没有差别。然而，当人们能看到这两种样品时，他们对两者的喜好程度却发生了变化。

各种族对每种奶酪样品的偏好率（百分比）

	种族属性		
奶酪颜色	黑人	白人	西班牙裔人
白色	30.0	53.3	32.2
黄色	70.0	46.7	67.9

上表说明，美国白人对奶酪的颜色没有特别明显的偏好，但西班牙裔人和黑人就不同了。对于同一种奶酪，他们更青睐外观呈黄色的那一种。

结论

受不同文化影响的人群会产生自己独特的品位，因此，我们应当锁定产品的主要销售对象，并尽量去迎合目标人群的口味。正如马塞尔·莫斯常说的，“食物不仅要好吃，更要让人们在品尝之前对它浮想联翩、垂涎欲滴”。从上述研究可知，一个群体的文化决定了他们对食品外观的喜好，而这种喜好会影响他们的行为和判断。因此，当商家打算到国外对自家产品进行市场调研时，考量产品颜色的合适与否是一件相当有必要的事，况且这样的考察实验简单易行，还能帮助商家避免一些不必要的商业损失。

23 为什么黑白广告不吸引眼球？

与我们之前的想象不同，很少有人对广告的影响及其商业收益进行评估，尤其是那些刊登在报纸之类的地方性传播载体上的广告。然而，许多小公司、商店、生意人依然需要通过这个媒介来与外界沟通，于是他们便不得不为广告的内容、尺寸，还有外观设计伤脑筋。报纸与其他媒体不同，选择刊登黑白还是彩色的广告会直接影响广告资费的高低，那么研究者们能不能帮助这些广告客户做出正确的选择呢？

> 斯帕克曼和奥斯汀分别在 1968 年和 1978 年对得克萨斯州一家当地报纸上刊登的黑白和彩色广告的影响展开了一项研究。这两个探索时期上的差异其实是很重要的，因为在十年之间，彩色广告的刊登价格已经变得亲民多了，而彩色广告本身也变得越来越常见。研究人员锁定的研究对象是那些推销相同产品并在同一家报纸上不同时登出的广告，他们想要了解黑白广告和彩色广告对销售业绩的影响。实验形式如下，一则相同的广告会在某天以彩色的方式刊登，然后改天再以黑白的方式刊登。接下来，研究人员会在广告见报后的一周内，每天都到投放广告的商店去观测

相关产品的销售情况。

总的来讲，与同样一支黑白广告相比，彩色广告能使销量增长 41%。有些产品，如椅子、草皮的销量翻了足有一倍，甚至更多。但也有些产品的销量止步不前。另外，彩色广告没有对研究中涉及的产品产生任何销量上的不利影响，并且彩色广告对销量的影响也没有因为时期的不同而发生改变。尽管彩色广告因刊登成本的降低而变得越发普及，它发挥的积极效果却是经得起时间的考验的。

结论

彩色广告比黑白广告更抓人眼球，而且它的普及似乎也没有减小其带来的正面效应。当然，直到今天，彩色广告的刊登费用仍然比黑白广告要高，但这笔投资是物超所值的。此外，广告刊登者还应根据产品的不同，多多测试和比较不同发布平台的有效性。

珀西和罗西特指出，且不谈色彩对销量的影响，一张广告海报只要是彩色的，无论其尺寸大小，都会获得更积极的评价，而且内容还会更加令人印象深刻。由此我们便可以推想，其他广告载体也会具有相同的效果。

24 你知道吗？一家商场的照明条件能够影响你的购物行为

除非是那种过明或过暗的极端光线环境，否则我们很难相信一个商店的照明条件能够对消费者的举止产生影响。在下面几项研究的启示下，我们会明白，这个课题其实是相当具有研究价值的。

1994 年，阿雷尼和基姆在一个商业场所进行了如下实验：他们将美国一家餐厅的酒水部（餐厅中供顾客参观、品鉴或购买葡萄酒的区域）作为实验地点，并在那里测试了 20 到 60 岁及以上的顾客。研究者会在该区域内调节照明设备，使光线变得强烈或幽暗，然后在顾客不知情的情况下观测他们的行为举止。接下来，他们对顾客行为的各种变量进行了评估：

各类观测项目在不同照明条件下的平均值

	幽暗灯光	强烈灯光
观察了解的酒（瓶数）	3.04	4.42
拿到手中的酒（瓶数）	0.69	1.54
进行购买的顾客比率	10%	17%
消费总额（美元）	4.57	3.88
停留时间（分钟）	10.48	8.87

上述表格展示出了一些反常的现象：强烈的灯光虽然能鼓励顾客去获取产品信息，但人均消费金额却是在灯光幽暗的条件下更高，而矛盾之处就在于，购买产品的人数依然是在灯光强烈

的条件下居多。由此我们可以判断，幽暗的灯光会使顾客购买酒品的数量减少，但单价更高。

光线的强弱确实能影响消费者的行为，不过在上面的实验中，研究者比较的是两种较为极端的照明效果。若能在某销售地点改变顾客早已经习惯的灯光环境，并观察光线的改变是否会影响到他们的行为，那将会是一项颇具意义的研究。另外，我们也可以根据商店类型的不同去探究最适合该店的照明条件。特蕾莎·萨默斯和波莱特·希伯特在路易斯安那州开展的一项研究为解开上述疑问提供了一些相当有价值的线索。

萨默斯和希伯特的研究是以两个零售店的数千名顾客作为观察对象。这两个零售店分别为五金店和一家兼营服装和食品的商场。研究人员利用一些强光使得店内的照明条件比平时更好，并透过监控摄像头采集顾客行为的数据。在有额外照明和无额外照明的情况下，他们分别观测了顾客们在同一柜台花费的时间，并统计了他们触摸了解的商品数量和实际购买的商品数量。

	正常照明	额外照明
在柜台的停留时间（秒数）		
工具柜台	5.25	8.58
腰带 / 裤袜柜台	14.49	12.82
触摸的商品数量		
工具柜台	0.08	0.12
腰带 / 裤袜柜台	0.63	0.33
购买的商品数量		
工具柜台	0.02	0.04
腰带 / 裤袜柜台	0.11	0.30

根据商店类型的不同，额外照明对顾客行为产生的影响也不一样。当光线加强时，顾客在工具柜台停留的时间会加长，但在腰带 / 裤袜柜台停留的时间会缩短。与上文中在酒水部观察到的情况不同，光照加强虽然会总体减少顾客触摸商品的数量，却能增加他们的购买量。

附加照明带来的这种积极效应也在巴基尼—德里斯、贝拉卢纳 · 阿弗西娅和兹加勒这三人的一项研究中得到证实。这些研究者在一家超市的散称奶酪柜台探究了附加照明带来的影响。在两种不同的照明条件下，凡是购买奶酪的顾客都在离开柜台后受邀接受了一份简短的问卷调查，因为研究者想要了解他们对超市和奶酪柜台的印象，同时也是为了测定购买行为中的不同变量。结果表明，附加照明不但使顾客购买的商品件数增加，还使人均消费额有所提升。在该照明条件下进行消费的顾客也承认自己选购了更多计划之外的商品。当谈到对商场照明的看法和评价时，在较强光线下进行消费的顾客表示自己有可能再回到这个奶酪柜台购物，而且他们对该柜台的评价也更好。然而，附加照明并没有让他们感觉到商场在环境气氛上有什么变化。

结论

光线强弱对顾客的行为有影响。幽暗的光线在减少酒品消费量的同时，却能推销出更昂贵的酒。这样看来，一种接近于地窖的微光环境似乎能促使人们购买价值更高的酒。这样的结果其实和用古典音乐促销高档红酒的现象是如出一辙的。购物氛围与商品之间的联系再度得到证实，因此在上述第二个实验中，顾客们的行为出现差异也就不足为奇了。商家应当根据自己销售的产品类型，以及想要促销的产品来营造出不同的环境氛围，如此才能更有效地对顾客的购买行为产生预期的影响。

25 你是照亮我生命的一缕阳光

歌颂太阳的歌曲、诗歌、谚语不胜枚举。事实上，如果没有太阳，如果地球和它之间的距离不是刚刚好的话，我们也不会出现在地球上。因此，人类对太阳的敬畏实属人之常情，也难怪我们在看到它时会感到内心充满喜悦。它不仅带来了生命，还让每一个生命体健康成长。孕妇若能在妊娠期的头三个月经常晒太阳，则有利于胎儿的体重增加。由此可见，太阳和生命之间有着千丝万缕的联系。其实，只要它在天空中闪耀着，我们的行为就会随之发生改变。

康宁汉在一项研究中，相当全面系统地分析了太阳对人类行为的影响。他曾隔绝其他因素的干扰，单独研究阳光与助人行为之间的联系。在第一项实验中，他找到一些人，并对他们称自己是某大学的社会学系的学生，目前正在进行一项调查。然后他进一步解释说自己准备了一份包含80个问题的问卷，但对方可以自行决定愿意回答的问题数量。问卷进行时的室外温度在－18℃到38℃之间不等，并且一律被安排在无降雨的天气展开。研究者观测了气象和大气参数，并对日照指数进行了测量。结果表明，日照指数与人们乐意回答的问题数量呈正相关，并且无论在哪个季节进行实验，结果都是如此。并且研究者发现，人们在春季和夏季更乐于发挥利他主义精神。不过即使是在冬季，只要是阳光灿烂的日子，人们的助人行为就比在温暖季节的阴天要积极。这就说明，被求助者受到的影响更多是来自于阳光，而非气温。

上述研究者将第二项实验的地点选在了一家室内温度恒定控制在21℃的餐厅，实验时间定在了4月、5月、6月。六名服务员受研究者之托搜集一些与顾客相关的信息，例如账单金额、大致年龄、性别，等等。在记录下这些信息之前，她们还被要求根据一个参考等级评价自己的情绪状态。结果显示，不论顾客的性别、年龄状况如何，他们支付的小费金额都与日照指数之间存在着正相关的关系。与研究者预料的一样，选在晴好天气前来用午餐的顾客多为中老年人和女性。另外，人们的心情也与日照指数呈明显的正相关关系——阳光越灿烂，服务员对自己的情绪评价越积极。

如此看来，无论季节的温度如何，阳光的存在总能使我们更加愿意帮助他人，而这种现象来源于阳光激发的正面情绪。研究还表明，受阳光影响的行为不是只有助人行为这一项。

盖冈在2013年进行的一系列实验中，安排了一些年轻男子对走在步行街上的年轻女子进行搭讪。实验只在晴天和阴天这两种条件下进行。由于实验地点靠近海边，当地气候在一年的某些阶段里，无论晴天还是阴天温差都比较小，这使得研究者更容易把控实验开展的时机。实验开始，一些亲切帅气、有搭讪经验的年轻小伙儿会试探着向上述年轻女子索要电话号码。

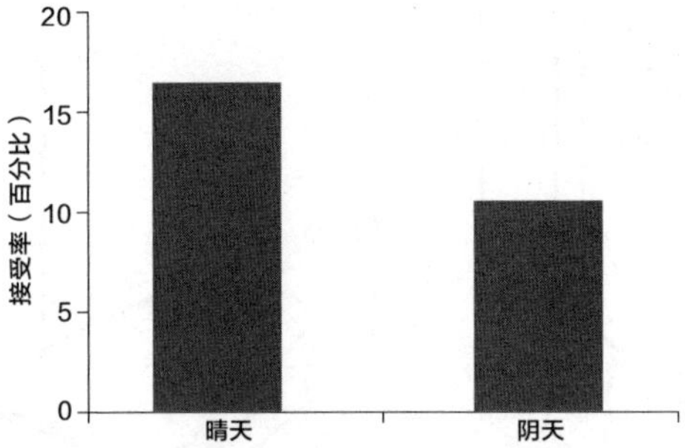

我们可以看到，阳光灿烂的天气会让年轻女性更愿意接受搭讪男子的请求。据推测，正如许多同类型研究得出的结论一样，阳光具有使我们快乐的特性，因此，它会引导我们在社交互动中以更积极的方式来做出回应。像展开一段恋爱关系这样的决定也逃不开阳光带来的积极影响。

阳光能使人与人之间的社会关系朝着积极的方向发展，这种现象在很多情况下都得到了体现。例如，在室外气温相同的条件下，人们在晴天会比在阴天更热情地回应其他人朝他们投去的一个微笑。

画者：马拉伊

结论

明媚的阳光是发展人际关系的积极因素。尽管这方面的研究因实验难度大而数量尚少，但艳阳与无云蓝天的组合似乎能够激活我们最好的一面，并让我们乐观地看待生活。看来我们常以太阳做类比，说自己的心情“阳光灿烂”，其实是有理论依据的。

26 风雨过后是晴天

上一篇提到，阳光会影响我们的行为。太阳的力量是如此强大，以至于我们只要想到屋外晴空万里、阳光明媚，便会改变我们的态度和举止。

林德于 1996 年在一家酒店进行了一项研究。酒店客房中安装的窗玻璃呈深色磨砂状，滤光且不透明。即使是晴天，从室内看上去也如阴天一般。实验进行的阶段正值秋季，时间选在早晨，也就是客人正要在自己的房间内用早餐，并且还没观察天气的时候。一名服务生会应客人的提问，告知当天的天气状况，如果对方没有问及天气的话，服务生会主动提供这项信息。信息内容根据不同气象条件分别为晴天、多云间晴、阴天或雨天。接下来，服务生会把客人点的食物和饮料递送给对方，并直接收到对方支付的餐费，以及西方传统文化中的“小费”。最后，将小费与餐费的百分比计算出来。

小费与餐费的比率平均值

雨天	阴天	多云间晴	晴天
18.8%	24.4%	26.5%	29.4%

我们观察到，光是想象室外的晴好天气就已经足以使我们变得更加慷慨。需要说明的是，该效应只与人们对明媚阳光的联想有关，与人们推断日照引起的气温升高并无关系。果不其然，在春季进行的第二次实验中，酒店员工在向客人汇报完天气情况

之后，还补充说明了室外气温的高低。结果显示，附加的温度信息没有对结果产生任何影响，只有天气的晴雨状况影响了客人的行为。

上述研究表明，天气状况会影响我们的助人行为。林德和斯托梅茨在 2001 年进行的一项研究中用一种与先前稍有不同的方法证实了该效应。在此次实验中，某餐厅的一名女服务员向顾客手写了一条信息，她在该信息中或告知顾客第二天天气晴好，希望顾客度过愉快的一天；或告知顾客第二天天气不佳，希望顾客仍然能度过美好的一天。结果显示，与不书写任何信息的情况相比，通知顾客好天气的信息让女服务员收到了更多小费，而通知坏天气的信息则对小费收入没有影响。由此可见，预知将要到来的好天气能对我们的态度和行为产生不小的改变。太阳对我们发挥着不可小觑的影响，即使是一个代表太阳的简单符号也能改变我们的行为。在盖冈和勒戈埃雷尔于 2000 年进行的一项研究中，一些酒吧服务生在每位顾客的账单上手绘了一个简笔画的小太阳。结果发现，给小费的顾客比例从 21% 增长到了 38%。

结论

太阳对生命是如此重要，它与一些愉悦的记忆和体验是如此密不可分，以至于外界只要用语言或图案的形式让我们联想到它，便足以影响我们的行为。无论太阳以何种形式在人们的脑中浮现，似乎都能激发我们的好心情。

27 我们在暗处的行径

白天和黑夜从最初就规定了我们的生活节奏。我们从前面已经了解到，光线和太阳会对人类的行为产生影响。但研究同样指出，黑暗的环境也会对行为造成不可忽视的影响，只不过这种环境催生的主要是一些不太光明正大的行为。

> 数项研究表明，加强照明设备对预防犯罪行为具有积极的作用。那么通过推理可知，黑暗的环境则会助长这种违法行为。为了验证这一假设，基内和纳恩曾以美国印第安纳波利斯市郊区的几个区域作为观察对象，这些区域包括好几片不同的公寓楼。研究人员将这些公寓楼与最近加强照明力度的其他公寓楼进行了比较。随后，他们分析了从所有这些研究区域向警方打去的报警电话。结果显示，从照明力度最强的区域打来的报警电话中，涉及入室盗窃、盗车，以及一些轻度违法行为的来电数量明显少于其他区域。研究人员还观察到，自从该区域加强住宅区的环境照明力度之后，这类报警电话的数量明显减少了许多。
>
> 由此可见，昏暗的环境会助长犯罪的发生，而明亮的环境则对这些行为具有抑制作用。数项研究都证实了这些效应。在停车场加强照明能减少盗车事件的发生。此外，照明对减少公共道路上的犯罪行为特别有效。由此可见，能通过加强照明减少的犯罪种类相当繁多。
>
> 大家都知道了，黑暗的环境会催生犯罪，而人工照明能抑制犯罪。要解释这种现象也十分容易——一个犯罪分子自然不愿意透露自己的身份。另外，若我们研究犯罪行为之外的情况，也

会获得相同的结论：很多不文明的行为都是在光线昏暗的地方发生的。盖冈在一些酒吧附近观察了一些常见的不文明行为，例如在公共场所小便、随地吐痰、骂脏话，等等。这些酒吧周围均有路灯照亮的区域和相对阴暗的区域。很显然，人们首选阴暗的区域来解决尿意，因为羞耻心会让我们不希望自己的这种行为被他人看到。并且在暗处，吐痰、骂脏话或说下流字眼等行为也更加肆无忌惮。

假如说上述对昏暗环境和犯罪行为的研究主要侧重于建立两者之间的相关性，那么下列实验研究则证实了人的行为会在光线的作用下直接发生改变，并且攻击性行为与光线的强弱有直接联系。佩吉和莫斯在 1976 年进行了一项实验，他们找了两个人来到实验室，其中一人是与实验者事先串通好的同伙。每次请来的受试者都以为自己参与的实验是为了监测“惩罚对学习效果的影响”。老师和学生的角色分配用抽签的方式来决定，不过实验者在抽签过程做了手脚，使得担任学生角色的总是他的同伙。实验规则如下：该同伙每答错一个问题，受试者都要用电击的方式来惩罚他，电击的强度由受试者来定夺。实验者为其提供了一个发电器，上面共有 10 个按钮，按照从轻度、中度到重度的顺序依次标明了电击强度。根据不同的情况，开展实验的房间或使用强光照明，或处在一个相当昏暗的状态。实验过程中，实验者不与此二人在同一房间内，他会称自己在一间控制室中。接下来，测量和统计受试者在不同光线条件下施加的电击强度。结果表明，昏暗的环境明显能导致受试者施加的电击强度增大。人们在该环境下会觉得自己的身份更隐蔽、所作所为更不易被人察觉，于是便自然而然地采取一些更越轨的行为。

昏暗的环境还会妨碍人们发挥利他主义精神，使他们做出一些有失道德水准的行为。在盖冈与其同事开展的一项研究中，他们安排了一名实验同伙以 2 米的间距走在一个路人前面，并故意从口袋里掏东西，其间，该同伙会“不小心”让一只手套、一包纸巾或一张 5 欧元的纸币掉到地上。当然，该同伙会假装对此毫不知情，并继续往前走。这时候，研究者便开始观察和记录该路人的举动，看他会选择好意提醒同伙捡起遗失物品或主动捡起物品还给同伙，还是会袖手旁观，甚至将遗失物品收归己有。实验地点在街道上靠近路灯的明亮地带，或在两个路灯之间较为昏暗的地带。

	手套	纸巾	5 欧元纸币
归还或提醒			
一 明亮灯光	84%	68%	64%
一 昏暗灯光	53%	34%	11%
袖手旁观			
一 明亮灯光	16%	28%	0%
一 昏暗灯光	35%	49%	6%
收归已有			
一 明亮灯光	0%	4%	36%
一 昏暗灯光	12%	17%	83%

我们从上表观察到，昏暗的环境会抑制人们的助人行为。尽管该试验已确保在两种光线条件下，让看到各种物品掉落的路人人数相同，结果还是证明了照明效果的强弱对人们的行为有影响。一些同类型研究也获得了同样的结论，他们的研究方法是在实验室中用墨镜使受试者的视野变得黯淡。研究者们再一次发现，当人们戴上会让周围环境看起来晦暗的眼镜时，他们的助人意识会减弱，而他们的个人主义感会增强。

结论

综上所述，昏暗的环境会使我们采取一些不太正面的社交行为。我们会因此对他人表现得更加暴力、更加冷漠，我们的举动也会更加出格。不可否认，照明需要消耗一定的能源，但我们必须肯定明亮的环境为社会安定做出的贡献。在阴暗的环境中，我们会更加肆无忌惮，我们的个人主义倾向会更加突出，我们对他人的关心程度也会降低，而我们去挑战道德规范的可能性则会上升。当我们情绪不佳时，我们常常会形容自己“心情黑暗”，看来这样的说法确有其合理性。

28 思绪如浮云

即使不下雨，你还是觉得整日乌云密布的天气会破坏你的心情？看来你一整天都不得不在灯的照射下度过了。研究表明，这种云层低且云量多的天空不仅会影响到我们的情绪，还会改变我们对他人的评价方式。

> 西蒙逊在 2007 年研究了学生们申请某大学培训课程的推荐录取情况。每位申请者的档案资料都要经过两个工作人员的审核评定，由他们来决定是否推荐录取该申请者。在对档案进行分析或推荐的过程中，工作人员需要写下一些看法和评价来说明自己的决定。当然，每份档案的具体审核日期都记录在案。西蒙逊以气象资料为基础，估测了审核进行期间，大学上空的云量覆盖情

况。该步骤通过一个从 0（晴朗无云）到 10（完全阴天）的参考等级来完成评定。

结果表明：在筛选申请者时，评估人员在多云的天气里更着重参考了申请者的课业成绩，在那些云量稀少、阳光灿烂的天气里则比平时更多地参考了申请者在课业之外的表现，例如体育锻炼、兴趣爱好等。

结论

云量覆盖情况会影响评估人员对申请者采取的选拔标准。这个实验再一次证明了外部气象条件能影响我们的判断。此外，评估人员肯定对这样的影响毫不知情。我们在该项研究中看到，人们进行评估的参考因素会根据云量覆盖的变化而改变。由此可见，如果你要参加某教育机构组织的面试，那么天气将是一条不可忽略的因素。你应当根据天空中的云量多少来决定突出自己身上哪些方面的品质或优点。在多云的天气里，建议你多提及一些你获得的优秀评语；在晴朗的日子里，建议你多介绍一下你在课业之外的经历与体验。

3

气味对人的影响

环绕在我们身边的气味不一定总能引起我们的注意。然而，当我们接触到一些独特的气味时，我们的行为和判断都有可能因此改变。比如，当我们经过一家面包店并闻到里面传出的糕点香味时，我们会更乐意帮助那些把东西掉了一地的人或向我们讨要零钱的人。在商场里，某些气味能使我们停留更长时间，并购买一些计划之外的商品。还有研究发现，气味能够用来缓解焦虑的情绪。比如你在牙科诊所候诊时，某些气味就能够起到安抚情绪的作用。气味的确能够对我们的行为和判断产生影响。例如，你身上的香水味会使他人想要与你互动或对你产生不同的看法。男性也逃不开某些自然而微妙的气味的影响，特别是他们在面对异性展开的追求攻势时。

29 为什么某种气味会唤起你的童年？

在德国，婴幼儿食品，尤其是奶制品，一般都会按照长期以来的传统被制成香草口味。一些研究者不禁提出这样的疑问：孩子在人生的这个阶段如此反复地接触香草味的食品，会不会使得他们在长大以后对香草味的食物产生特别的好感。

哈勒和他的同事们在 2009 年对一群 30 岁左右的人展开了一项研究。受试者们应邀完成了一份有关饮食习惯的问卷调查，其中有一题问到了他们在婴儿时期接受的喂养方式是母乳还是奶粉。这一题的答案能够帮助研究者从他们当中区分出那些从婴儿时期就接触香草气味的人，因为婴幼儿配方奶粉中普遍含有这种气味，至于那些接受哺乳的人自然不属于这种情况。接下来，研究者请受试者参加了一项口味测试。他们按要求品尝了两种配料完全相同的番茄酱，只是其中一种掺入了浓度为 0.5 克 / 千克的香草。初步评估时已经有人识别出了香草的气味。在品尝完之后，受试者们要在两种番茄酱中选出他们更偏好的那一种。

根据人们在婴孩时期的不同饮食类型统计出的他们对不同番茄酱的喜好率

	饮食类型	
	母乳	配方奶
纯番茄酱	70.9%	33.3%
香草番茄酱	29.1%	66.7%

> 从上面的表格可以看出，人们因幼时接受的喂养方式的不同而展现出了明显的喜好特征：那些曾被香草味奶粉喂养的成人更青睐掺有香草提取物的番茄酱；那些曾接受母乳喂养的成人则更偏好不含香草的番茄酱。更令人惊讶的是，研究者在这两组受试者的饮食习惯上没有发现任何差别。

散发香味的玩具

我们已经证实，童年时的气味能指引我们成年后的选择。下面我们来探讨一下孩子们对某些气味的喜好。门内拉和博尚于 1997 年测试了带或不带香草味的儿童玩具所发挥的不同影响力。他们以一群 7—8 个月左右的婴儿作为观察对象，并将一个对这个年龄段的孩子极具吸引力的玩具放到了他们触手可及的范围。根据宝宝们的组别不同，该玩具或散发香草味，或不散发香草味。结果显示，宝宝们对带有香味的玩具产生了更大的兴趣，并更加倾向于把它放到嘴里。如此看来，食用香料的气味能迅速提升一件产品的吸引力。

结论

我们从小就接触的某些气味，即使是在 20 年之后，仍然影响着我们对食品的喜好。人类会在婴孩时期经历一段无意识的嗅觉学习过程，这段过程会引导我们今后的口味。人们的饮食选择是可以被引导的：若在婴儿时期就让他们以各种方式接触这样或那样的气味，那么他们在成人之后会在众多选择中首选一些带有童年气味的食品。

30 为什么在你最喜爱的餐厅里有种能让你增加消费的气味？

据说在街上散发糕点的香味能诱使人们购买一个牛角面包，那么我们怎么做才能使那些自愿来到餐厅消费的客人增加消费呢？其实答案在之前已经揭晓过，那就是制造一个独特的用餐氛围。在一家餐厅里巧妙地运用一些气味便能帮助店家营造出这种预期的环境效果，当然，这些气味不一定是美食的香气。

> 盖冈和彼得于 2006 年在外省某小城市的一家餐厅里展开了一项持续数周的实验。研究人员仅在晚间进行观察。餐厅类型为一家小型的比萨饼屋，店内有 22 个座位，菜单上供应的菜品种类比较有限。研究人员会根据不同的情况，通过插在墙壁电源插座上的香氛扩散器释放出薰衣草精油或柠檬精油的气味。之所以

选择这两种精油，是因为之前的研究表明，薰衣草具有舒缓放松的效果，而柠檬则具有刺激兴奋的作用。同时，不释放任何香味的情况也被纳入了观测范围。研究人员在这期间统计了顾客们在餐厅内的用餐时长以及人均消费金额。

	无香味	柠檬香	薰衣草香
用餐时长（分钟）	91.3	89.8	105.7
人均消费额（欧元）	17.5	18.1	21.1

从以上两种变量的观测结果来看，“薰衣草香”的统计数字明显有别于其他两种情况。这种与柠檬香的识别度一样高的薰衣草精油的香气使顾客延长了用餐时间，并增加了消费金额。另外，研究人员在对两个变量的相关性进行分析时发现，用餐时长和人均消费额之间存在正相关的关系——顾客们在餐厅的停留时间越久，他们的消费金额越高。这就说明，不同香氛环境下的人均消费额之所以会存在差异，并不是因为顾客们所点的菜品单价有悬殊，而是因为他们所点的菜品数量有不同——在薰衣草的香气氛围中，有更多的顾客点了甜点。

与背景音乐同理，气味的运用似乎不光是释放一种好闻的气味那么简单。柠檬的气味和薰衣草的气味一样好闻，但只有薰衣草的气味对消费量产生了积极的影响。这样看来，我们有必要对香氛环境和所售产品之间的匹配度进行评估。施潘根贝格、斯普罗特、格罗曼和特雷西在 2006 年进行了一项实验，在开展实验之前，首先让男性和女性分别对 12 种气味进行了测评，以便选出最受男性青睐和最受女性青睐的香味。结果显示，香草气味为女性最喜爱的香味，而摩洛哥玫瑰香为男性最喜爱的香味。接下来，研究人员在一家兼营男装和女装的服装店里交替释放了这两种香味，即香草气味和摩洛哥玫瑰香每天轮流在整店范围内被释放。然后，他们根据不同的香氛类型分别统计了男性和女性的人均消费额。顾客在离店时应邀接受了问卷调查，主要就商店和商品给出自己的评价意见。关于顾客行为，研究人员进行了这样几项观测：人均消费额、购买商品的件数、在店内的停留时间。

	不匹配香味	匹配香味
在店内的停留时间（分钟数）	15.95	23.95
购买商品的件数	0.91	1.71
人均消费额（美元）	23.01	55.14

从上表可以看出，当店内释放的不是顾客偏爱的香味时，产品销量就会下降。而当店内释放的香味与顾客的偏好相吻合时，顾客对商店、商品质量以及价格的评价都会更好，同时他们也表示自己更愿意再次来该店购物。由此我们发现，如之前对背景音乐做出的总结一样，营造香氛环境的目标不仅仅是释放一种闻起来舒服的味道：我们应当事先弄清楚这种味道究竟能让哪些群体闻到后觉得舒服。按照该实验的逻辑，一些专卖女装的商店就该在店内释放香草气味，而一些专卖男装的商店则更适合在店内释放摩洛哥玫瑰的香味。如果是一家兼营男装和女装的商店，那么人们或许应该考虑将男装区和女装区用墙壁隔开，以避免不同的香味在整个商店内扩散，或者找到一种能在顾客群中获得双重好评的气味。

结论

即使是在一个嗅觉刺激性已经相当强的场所，释放某种人们熟悉的气味仍然能对消费者的行为产生影响。据推测，与背景音乐的作用相仿，嗅觉氛围能够激发某种特殊的心理状态，而这种心理状态能够反过来影响人的行为。

31 为什么在面包店前会散发出热面包的香味，在肉食店前会弥漫着烤鸡的香味？

前面我们已经证实，一首传递某种刻板印象的音乐能导致顾客购买一些与该刻板印象相关的产品。于是我们不禁要问，利用气味是不是也能达到这样的效果呢？如果是，那就代表着这种或那种气味能更有效地引导顾客做出购物选择。最近的一项研究指出，先前在背景音乐研究中得出的结论对气味也同样适用。

> 盖冈和雅各布在一家小型超市里完成了如下实验。他们在商店入口处释放了一种典型的食物香味，使得顾客在闻到后基本就能辨认出这是哪种食物的气味。例如烤鸡的香味或融化的巧克力的香味。作为对照，研究人员将不释放任何气味的情况也纳入了观测范围。接下来，一位观察员会悄悄地跟在顾客身后，以便观察他们首先前往的是哪一个柜台。鉴于这是一间面积不大的便利店，因此顾客在进店后会面临着一个选择：向右前往咸味食品

的柜台（猪肉制品、熟食）或向左前往甜味食品的柜台（糖果、饼干、糕点）。研究人员还根据释放的气味类型分别统计了顾客对不同类型产品的购买比率，以及他们在每个柜台的消费金额。

	释放的气味类型		
	烤鸡（咸味）	融化巧克力（甜味）	无气味
首先前往咸食柜台	75%	25%	55%
首先前往甜食柜台	25%	75%	45%

从上表可知，在不释放任何气味的情况下，顾客向左或向右前往任意一个柜台的概率几乎是相同的，而在释放一种食物香气的情况下，结果就不同了。烤鸡的香味会促使顾客首先前往出售咸食的柜台，而巧克力融化的香味则会让顾客更愿意先光顾出售甜食的柜台。

研究人员发现，人们对甜食和咸食的购买比率较以往并没有什么不同，不过人均消费额却产生了差异。与无气味的情形相比，顾客在闻到烤鸡香味的情形下购买了总价更高的咸食和总价相同的甜食；在闻到热巧克力香味的情形下购买了总价更高的甜食和总价相同的咸食。由此可见，顾客会在与店内气味相一致的柜台进行额外消费，但却不会因此而减少他们在另一个柜台的消费。

气味作为社会关系的润滑剂

除了能对顾客的走动和购买行为造成影响，食物的气味还会影响其他行为。

为了验证这一观点，巴伦于 1997 年进行了一项换零钱的实验。实验地点选在一些商铺附近，这些商铺由于经营项目不同，有的会散发出气味，有的则不会。具体而言，实验地点是在一些弥漫着宜人气味的场所和一些无特殊气味的场所。研究者安排了一名同伙去向路人求助：该同伙会拿着一张 1 美元的钞票去询问对方是否愿意跟他换零钱。结果表明，在散发着宜人气味的商店附近，有 57% 的人提供了帮助；而在无特殊气味的场所，却只有 19% 的人接受了请求。看来，一种好闻的气味能鼓励人们去发挥利他主义精神。产生这种现象的原因肯定是因为某些气味能促进社交互动，下面这个实验就说明了这一点。泽姆克和休梅克两人曾在某家宾馆内一间会议室的候客厅里释放了天竺葵精油的香味，同时，他们通过该区域内的监控录像观察了人们的行为。结果表明，与无气味的情况相比，天竺葵的香氛环境增进了人与人之间的交流与互动。为了促进社会关系，同时让一个场所充满更多正能量，制造某种香味环境不失为一个好的策略。

结论

购买行为与嗅觉之间存在一致性的假设已经在上述实验中得到了验证，因为顾客在行走和购买的过程中都首选了与店内气味相对应的产品。此外，气味还能激发一些相关商品的额外消费。这项研究达到了初步探索的目的，后续还有很多细节值得深化分析。比如，研究者应当根据每种气味统计出被购买产品的类型和比率（**释放融化巧克力香味时卖出的是巧克力，还是含有巧克力的食品**）。这么做的话，我们便可以对这种一致性效应的影响做出更精准的评估。

32 爱的讯息会弥漫在空气中吗？

据黛安娜·阿克曼称，在伊丽莎白时代的英国，女性会将一大片去皮的苹果夹在腋下，使之浸染自己的体香，然后把它交给自己的心上人。这样一来，她们的爱人即使与她们相隔数百千米，也照样能随时嗅到美人身上的味道。

“信息素”一词最早在 1959 年被提出，它指的是一个个体向同物种的其他个体分泌出的某种物质，该物质能够使对方在无意识的情况下改变自己的行为。信息素对社会行为、性行为和繁殖行为的影响已经通过试验的方法在许多物种中得到证实。在对小白鼠进行研究时，人们发现实验组内发出的信息素能够影响雌鼠发情激素的分泌水平。

麦克林托克效应

玛莎·麦克林托克是历史上第一批证实了信息素对人类影响的女性研究者之一。在她开展实验之前，已有研究人员观察到，几名海岸警卫队的女性成员在起初，各自的月经周期相差甚大，不过在经历了三个月的集体生活之后，她们的经期竟然同步到只有四天的差距。研究人员在那时已经察觉到了信息素对人的影响，只是他们没有用实验的手段去验证这一猜想。

> 为了检验上述影响的真实性，麦克林托克曾向那些寄宿在学校双人寝室的年轻女性询问她们上一次月经来潮的日期以及持续天数，以便预测她们在未来几个月的月经周期。与此同时，研究者记录了与观察对象关系最密切的女性朋友的月经周期。另外，研究者还会定期询问她们与男孩的见面次数。该实验将观察对象两两一组地分成了两类：同居一室且友情很深的两人；无友谊关系同居一室的两人。经过为期 6 个月的观察，研究者得出了每对室友或好友之间的月经周期差异。为了便于比较，研究者随机抽取了一些不住在一起的女性，并对她们的月经周期差异进行同期比较。最后得出的结果如下：

每对观察对象之间的月经周期差异（天数）

	十月	三月
亲近的朋友或双人寝室室友	7—10	3—7
随机配对的两个人	6—14	5—15

如上表所示，我们在关系密切的室友身上观察到了同步效应。随着时间的推移，她们的月经周期的差距在不断缩小。

随机配对的女性起到对照组的作用，她们之间的月经周期差异显得更大，并且不会随着时间的进展而变化。这就说明，第一组观察对象的月经周期差距之所以会减小，真的是她们长期在一起接触的缘故。

更令人惊讶的是，与男性的见面次数也会对她们的周期长短有影响：

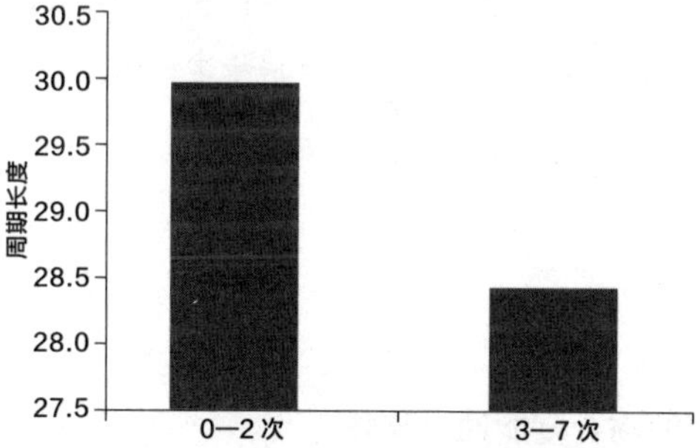

每周与男性的接触次数

从上面的图表可以看出，那些更常见到男性的年轻女性，其月经周期长度会变短，这就意味着从长远来看，她们的生殖概率会由于周期次数的增加而变大。

上述结论也在其他研究中得到证实，而且人们还发现，女性不一定要与男性直接接触才会致使其生理周期变短。事实上，仅仅是接触到男性穿过的衣服就会缩短女性的月经周期。

另外，受男性信息素影响的并不只有女性。该研究者还称，那些长期与女性保持恋爱关系的男性，其胡须的生长速度会加快。我们在前文中已得知，一个人的毛发疏密程度与其吸引力有关。有时，男性和女性甚至可能会共同受到同一种信息素的影响。果不其然，格拉默、欣克和尼夫等人在2005年发表的一份研究报告中指出，与那些接触信息素的人相比，接触雄甾酮的受试者们会觉得对方更热情、更友好。接触男性信息素的女性会在浏览男性照片时觉得对方的面孔更具有吸引力。

结论

正如我们看到的那样，信息素这种极其神秘的分子真的能对人产生影响。然而，我们先前却以为自己已经摆脱了它带来的嗅觉影响。就目前来说，我们的进化水平还没来得及消除这种恋爱分子的影响，它依然发挥着非常重要的作用。

33 基因的吻合度能通过体味来分辨吗？

我们都听说过，器官捐赠者有吻合与不吻合一说。其实在这样表达的同时，我们不经意地提到了HLA系统，全称“人类白细胞抗原”

系统。由于人体中几乎所有的细胞都含有蛋白质，于是就有了这样一个能让机体通过蛋白质来识别其自身细胞的系统。因为 HLA 系统的组合方式复杂多变，所以它拥有大量的分型。然而在器官移植中，捐赠者的基因系统不能与接受者有太大的悬殊。兄弟姐妹具有互相契合的基因系统，这对某些移植手术来说也确实很有用处，但在现实当中，人们往往需要另找一位与之匹配的人。据某些研究者称，HLA 系统的吻合度能通过体味分辨出来，而且吻合度的高低还能决定双方之间的好感度。

雅各布、麦克林托克、泽拉诺和奥伯曾共同研究这样一个问题，那就是若一名男性的 HLA 系统与一名女性受父亲遗传的那部分系统相似，即男女双方的基因吻合程度相当高，那么这名女性是否会对该男性表现出特别的好感。

这些研究人员以一群未婚且从未有过孩子的女性为对象进行了一项实验。他们首先对这些女性以及一些男性的 HLA 系统进行了特点分析，以便评估这些系统之间的吻合度。

HLA 系统特点与女性接近的男性为一组，相差甚远的男性则在另一组，这两组男性都要将一件 T 恤连续穿两晚。接下来，女性要对每种体味就其熟悉程度、浓烈程度、宜人程度和刺激程度进行评价。此外，她们还要从这些男性体味中选出一种自己愿意长期闻到的味道。

结果显示，女性偏好的体味来自那些 HLA 系统与之吻合度最高的男性。不过，决定这种偏好的 HLA 等位基因主要遗传自父亲。假如你是一名男性，并且遇到女性对你说，“所有男人都爱在女人身上寻找自己母亲的影子”，你就可以反驳她们说，“女人其实都偏爱 HLA 系统接近于自己父亲的男人”。

34 男子气概可以用鼻子嗅到吗？

我们已经多次证明，拥有征服气质的男性对女性十分具有吸引力，因为这种气质既是成功的象征，也是安全感的代名词。有研究表明，在众多物种当中，雌性都偏爱那些享有主宰地位的雄性身上的气味。于是我们不禁要问，人类进化至今，女性是否还拥有通过体味来识别强势男性的能力呢？

为了解开这个疑问，哈夫利切克、罗伯茨和弗莱格请来一群 19—27 岁的男性完成了一份调查问卷，目的是评估他们的强势水平。然后，研究人员要求他们在腋下贴上一枚棉花片，并于 48 小时之后取下。接下来，一些 20 岁左右的女大学生则要据此评判出哪些男性的气味具有性感的特征。研究人员同样通过问卷的形式来获悉她们处于生理周期的哪一阶段。

结果表明，研究人员从处于生育期的女性所做出的判断中，发现了男性气概和体味性感程度之间的联系：在问卷中测得强势指数最高的男性也是被女性评为体味最性感的人。然而，处于非生育期的女性所做出的判断却没有体现出这样的联系。

结论

只有当女性处在适于受精的阶段时，那些雄风昭彰的男性才会被认为是拥有最性感体味的人。据研究人员称，产生这种现象的原因是，女性通常会将男子气概与优质基因联系到一起。此外，就文化层面而言，男性的强势也与其事业上的成功及较高的社会地位相关。总之，一位女性在考虑与对方长期交往，尤其是在寻找自己未来孩子的父亲时，似乎都能从男子气概中找到她所期望的重要品质。

35 我们能从体味判断出对方身体的对称度吗？

有研究指出，一个人的身体若高度对称则说明他具有优质的基因，因为对称程度与健康息息相关，而拥有高度对称的身体则标志着这个人具有较长的寿命，以及较强的生育能力，甚至是较高的智力和认知能力。

尽管我们能够直观地看到他人脸部五官的对称性，但对于身体其他部分的对称情况，我们就不得而知了。据某些研究者称，体味可以帮助我们判断出这些隐藏部分的对称性。桑希尔和康格斯特在1999年发表的报告中就对此观点进行了评估。

上述研究人员的实验对象是一群20—22岁的年轻人。他们首先对这些受试者进行了一项有关社会人口因素的问卷调查，然后观测和记录了他们的形体特征数据，以便评估他们身体的对称程度。接下来，研究人员给每位受试者发放了一件T恤，并要求他们在遵循不使用除臭型芳香剂、不食用某种类型的食物、不沾染酒精或烟草等若干建议的情况下连续两晚都穿着这件T恤睡觉。在受试者交还他们的T恤之后，男性和女性便随即被分隔开来，并对异性的T恤进行评估。评估项目包括体味的舒适程度、性感程度和浓烈程度。女性还填写了一份有关月经周期的问卷，目的是调查她们所处的生理阶段（受孕概率偏高/受孕概率偏低）和避孕措施。另有一些受试者则要根据前几组受试者的脸部照片评价其外貌的吸引力。

结果表明，男性身体的对称程度与女性对其吸引力的评价高低呈正相关的关系，不过该结论仅从处于排卵期的女性评价者那里得出。女性对身体高度对称的男性气味的喜好程度与她们自身的受孕概率之间也存在着显著的正相关联：处于排卵阶段的女性对身体高度对称的男性所散发出的气味表现出了更强烈的偏爱。另外，研究人员还在男性面孔的吸引力与其体味的吸引力之间观察了正相关的关系：外表最英俊的男性，其体味也最受女性青睐。

需要说明的是，研究人员没有从服用避孕药的女性受试者那里观察到任何上述现象。

从男性做出的评价中，研究人员观察到了女性体味与其外表吸引力之间的联系：被一些男性评为长相漂亮的女性，她们的体味也让其他男性闻起来觉得更舒适。

结论

由此看来，女性能通过嗅觉分辨出身体高度对称的男性，而男性却不具备这样的本领。不过，女性也只有在适于生殖的阶段才会展现出这种本领。不可否认，该本领对女性而言相当重要——鉴于身体对称度与男性基因质量的关联，女性必须尽可能地保有这种能力，才能识别出身体高度对称的男性，进而为她们将来的孩子提供尽可能优越的基因。不过在生育阶段之外，女性就没有发挥这种能力的必要了。

36 你感觉如何？

为了能使我们镇定下来，并且感觉良好，大口地呼吸桉树、薰衣草、柠檬或橙子的气味能行得通吗？我们已经了解到，大自然的景象和声音能够影响我们的健康水平和舒适程度。天然产品的气味似乎也具有同样的功能。此外，某些气味在生命之初便体现出了它们的影响力，这就说明，该影响并不源自后天建立的条件反射。

川上等人在1997年进行的一项研究是以出生5天的健康男婴和女婴为实验对象，这些婴儿均由他们的母亲用母乳喂养。研究者利用一台自动装置在婴儿鼻子的附近释放了牛奶或薰衣草的香味，不释放任何气味的对照情况也被纳入研究范围。香味的释放被安排在历时5分钟的儿科检查阶段进行。在该阶段开始之前，研究者提取了婴儿的唾液样本，以便测量其皮质醇水平（反映孩子紧张程度的指标）。在该阶段结束之后，婴儿们被转移到了另一个房间，研究者则在20分钟后再一次测量了他们的皮质醇水平。在儿科检查阶段，研究者透过视频观察了婴儿们的面部表情和嘴里发出的声音，并将他们的表现转化成了体现其紧张程度的数值。

	无香味	薰衣草香味	牛奶香味
检查阶段之前的皮质醇水平	0.82	0.40	0.51
检查阶段之后的皮质醇水平	1.38	0.67	0.56
面部表现 （数值越大，紧张程度越高）	100	90	88

由此可见，周围环境的香味对孩子们的皮质醇分泌水平，以及他们表现出的紧张感都产生了积极的影响。此外，虽然牛奶的气味是效果最显著的，但薰衣草的香味也发挥了积极的作用。薰衣草的舒缓效果是公认的，这或许就是它的气味能降低婴儿紧张程度的原因。另外，气味竟能对这么小的孩子产生影响，可见这种影响并不是通过后天的学习培养出来的。如果说婴儿们喜好牛奶的气味，是因为他们在实验之前已经接受过数次哺乳，进而把牛奶的气味与快乐和舒适感联系到了一起，那么薰衣草气味的影响则根本不属于这种情况。

我们已经了解到，周围环境的香味能减轻婴儿的紧张感，还有研究指出，天然精油的气味能够减轻成人的紧张和焦虑。而且，若在牙科诊所的候诊室里释放自然香味的话，其镇定效果尤其突出。

勒纳等人以牙科诊所的数百位男性和女性患者为实验对象，在若干间牙科诊所的候诊室里按照不同情况，分别释放了薰衣草的香味、橙子的香味，以及不释放任何香味。研究人员借口称自己在进行一项关于情绪与疼痛感的研究，然后将一份问卷发放给正在候诊的患者，这些患者则要评价自己感受到的疼痛度和焦虑感，并估测自己的情绪水平和镇定程度。

结果表明，在释放香味的情况下，患者们的焦虑感和疼痛度均降低了。与此同时，患者们更镇定，情绪也更佳。不过，上述两种气味在统计结果上并没有出现差异，因为两者得到的统计数字基本相同。

释放自然的香味能有效减轻患者们在牙科治疗手术前的焦虑感和疼痛度，其他的一些相关研究也得到了同样的结果。例如，释放薰衣草精油的香味能减轻即将接受外科手术病人的焦虑感。还有研究者在对将要接受血液透析的病人释放薰衣草精油的香味或从某种树木中提取的精油香味时，也获得了同样的结果。人们在闻到自然的气味时，他们的生理参数也发生了改变。果不其然，坎彭尼、克劳利和迈尔在 2004 年发表的一份报告中指出，由于薰衣草的香味具有镇定放松的效果，所以凡是闻到它的人，其心跳速率和皮肤导电性都会有所降低。要知道，这两种生理数据通常会在紧张的情况下升高，在舒适安逸的条件下降低。在最后的这个实验案例中，一群受试者要尽可能地将手长时间地浸泡在冰水里，然后研究者发现，香草的气味能增强人们的耐寒程度，并减弱他们感受到的疼痛程度。

结论

综上所述，释放自然的香味可以有效地减少人们的焦虑感，并改善他们的情绪和舒适程度。然而，我们应当避免将所有的情况一概而论，因为有研究表明，释放薰衣草、香柠檬或松木精油的香味并不能帮助正在接受癌症治疗的患者或即将接受食管内腔镜检查的患者减轻焦虑。这或许意味着，芳香疗法只对中度焦虑的情形有效，对于人们感受到的极端焦虑情绪则没有多大效用。

37 气味能强化身体机能吗？

如我们在上文中看到的那样，周围环境中天然产物的香味能影响人们的健康和舒适程度。研究还表明，我们可以有效地利用嗅觉氛围来促进我们的认知活动，甚至是激发某些潜能。

在迭戈等人于 1998 年开展的一项研究中，一些受试者坐在椅子上，研究人员通过一片浸透了薰衣草或玫瑰精油的棉花向他们释放香味。盛放棉花的塑料容器距受试者的鼻子 10 厘米，研究人员要求他们保持正常呼吸。受试者的头上戴着脑电图（EEG）传感器，它能够测量脑部的某些电活动。经过一个不释放气味的基础阶段以后，受试者开始接触香味。在这段芳香疗法的之前和之后，受试者都要完成一道算术题，并填写一份评估他们抑郁和焦虑等级的问卷。

结果表明，在闻过薰衣草或玫瑰的香味后，受试者们的计算准确度均有所提高，同时他们的计算用时也减少了。与此同时，他们觉得自己在闻过香味之后比之前更放松了。另外，他们的焦虑和抑郁指数也在芳香疗法后有所下降。最后要指出的是，受试者的脑电波也产生了变化。研究人员观察到，在闻过香味之后，受试者脑中的阿尔法（α）波、低贝塔（β1）波和高贝塔（β2）波都有所增加（舒适感与兴奋度的标志）。这种效应会持续一段时间，因为实验过后的测量数据证实，当受试者不再接触香味时，其脑电活动仍继续维持之前的状态。

由此可见，自然的香味能够激发人们在智力训练中拿出更好的表现，而且研究人员也在大脑活动中明显地观察到了这种良性刺激。其他研究也证实了自然香味带来的刺激作用。例如，沃姆、登柏和奥拉苏拉曼曾在 1991 年发表的一份报告中指出，铃兰和薄荷的香味能使那些需要将注意力集中在电脑屏幕上的人们变得更警觉。此外，米约、布兰德和莫朗发现，受试者在闻到薰衣草的香味时，他们对一些视觉刺激或听觉刺激的反应时间会缩短。巴伦和考尔舍发现，通过一根操纵杆来跟踪移动目标的受试者在闻到柠檬香味的情况下，能将正确轨迹保持得更久。还有研究者通过驾驶模拟器里的实验证实，柠檬或薄荷的香味不仅能使驾车人员对一些突发事件提高警觉，还能减少他们的疲劳感。罗特曼发现，释放茉莉花的香味能使受试者在解答智力题时发挥得更好。甚至有研究者指出，柠檬或薄荷的香味有强化记忆力的功效。

另有研究表明，除了认知力方面的影响，我们还可以利用气味来激发体能上的表现。劳登布什、科利和埃皮希曾组织了一系列体力和运动方面的测试，这些测试包括 400 米速跑的用时、篮球投篮的精准度、手部的肌肉力量、推力的测量等。根据不同情况，受试者鼻孔附近的海绵或浸润着薄荷香味，或不含任何香味。结果研究者们观察到，香味对推力和手部肌肉力量的测试产生了积极的影响，但对 400 米速跑的速度或投球的精准度没有起到明显的提升效果。这或许意味着，薄荷能对需要肌肉力量的活动起到积极的刺激作用，但对一些考验耐力或精准度的活动就没有那么理想的效果了。

结论

综上所述，自然的气味能对某些认知或体力方面的活动产生积极的刺激作用。据一些研究者称，这些香味产生的激活效应比较适用于那些考验注意力和警觉度，或需要在短时间内动用潜在力量的练习，比如汇聚全身力量用手推倒或压碎某样东西。某些需要在短时间内集中精力和力量的运动和活动可以巧妙地利用这些气味来改善个体的表现。

38 芬芳的气味能使人变得乐于助人？

气味是我们环境中不可分割的一部分，已有研究十分明确地指出，气味可以影响我们的行为。在某些情况下，某种特定环境中释放的某些气味可以轻而易举地左右我们的心情或选择。研究表明，环绕在我们周围的宜人气味，不论它是源自天然的产物（如鲜花或水果的精油），还是人工的产品（如糕点的香味），都能使我们的社交行为发生变化。提出该结论的主要是那些探索环境香氛对人的影响，以及人们助人行为的研究。

> 在格兰姆斯于 1999 年进行的一项实验中，一群受试者分别接触了香草或薰衣草的香味，还有一些作为对照的受试者不接触任何气味。香味从浸渍了精油的问卷纸张里散发出来。受试者们被要求将鼻子贴到问卷的纸张上，并保持 30 秒，以确保他们万无一失地接触到了香味。接下来，实验人员会恳请这些受试者们

抽出时间参加一项志愿者行动。为了让此事显得更加真实严肃，受试者被要求留下自己的姓名和地址，并说出自己每周愿意为该活动付出的时间。

结果表明，没有接触香味的受试者们愿意每周抽出平均 110 分钟的时间去参加志愿活动，闻到薰衣草香味的受试者们愿意每周抽出平均 150 分钟，而闻到香草香味的受试者们愿意每周抽出平均 349 分钟。

由此可见，用天然精油营造的香氛环境能够鼓励人们发挥利他主义精神。而且我们还观察到，虽然两种香味都能使人们愿意投入更多的时间去参加志愿行动，但香草达到的效果比薰衣草要好很多。据研究者称，人们之所以偏爱香草，很可能是因为它从我们的生命之初就出现在了我们的嗅觉环境中。

在这项研究中，研究者探索了人们向他人提供援助的意愿，但我们需要进一步了解的是，人们的实际行为是否会受到宜人香氛环境的影响。此外，在格兰姆斯的研究中，实验者使用的是天然精油的香味，于是我们不禁要问，同样好闻但更富人工气息的香味是不是也能影响我们的行为呢?

巴伦曾在一个完全自然且大家一目了然的气味环境中研究这一课题。他的假设是，一种令人愉悦的气味应当会使闻到它的人更愿意帮助他人，因为宜人的气味会让人拥有好心情。为了验证这一假设，该研究者将一个向路人求助的实验选在不同的地点进行，以便获得不同的气味环境。由于经营项目的需要，有的商铺会散发出香味，有的则不会。实验地点是在一些弥漫着宜人气味的场所，如蛋糕店、咖啡厅，和一些无特殊气味的场所，如服装店。一名与研究者串通好的同伙走进商场去向路人求助——该同伙会拿着一张 1 美元的钞票去询问对方是否愿意跟他换零钱。

提供帮助的路人（百分比）

	无气味	宜人的气味
被求助的男性	24.1	51.7
被求助的女性	13.8	58.6

看来，宜人的气味确实能鼓励人们采取助人的行为，泽姆克和休梅克曾在某家宾馆内一间会议室的候客厅里释放了天竺葵精油的香味，同时，他们通过该区域内的监控录像观察了人们的行为。结果表明，与无气味的情况相比，天竺葵的香氛环境增进了人与人之间的交流与互动。

结论

周围环境里的某些气味可以使我们变得更加乐于助人，同时也更愿意与他人产生互动。这种现象很可能如巴伦解释的那样，是由于香味激发了人们的正面情绪，而这种积极的情绪又进一步促进了社会关系和助人行为。因此，我们完全可以在一些场所利用这些自然散发的宜人香味去鼓励人们做出这些行为。

4

语言和用词对人的影响

很多城市都有那种锻炼口才和说服力的培训课程。可见人们有多确信，选用的词汇、传达的信息，以及我们向对话者引出这些内容的方式都对一条口语信息的理解效果有着不可小觑的影响。在本章中，你将会看到，语言的微妙变化可以导致我们改变自己的行为。即使是在日常生活中，我们与亲人相处的时候也不例外。媒体人、广告策划人、与我们交谈的人……他们的一言一语都在影响着我们，与此同时，我们也要学会利用语言去影响他人。

39 为什么外婆煮的咖啡总是那么好喝？

你肯定看到过这样的现象：某些产品，尤其是食品的名称里会标明某种特殊制法如“樵夫面包”，或某个具有代表性的地名，如“巴伦西亚什锦饭”。然而，原产地命名控制（AOC）[①]、产地或生产工艺并不能说明一切。因此，“外婆家馅饼”，甚至是“口腔高潮”[②]都根本描述不出产品、产地，以及生产者或制作者的手艺。

人们创造出这些标签很可能只是为了推销产品，因为一个花哨的名字就足以让人觉得该产品质量上乘、做工一流，进而对其产生兴趣。

在长达6周的时间里，万辛克、佩因特和梵·依特森在一所大学的餐厅里进行了如下实验：一些每餐都会供应的常规菜品会在菜单中以不同的方式被命名。或采取传统的命名方式，即单一描述菜品包含的食材，如“帕尔玛干酪鸡肉”“烤鸡肉”“西葫芦饼干”；或采用美化的命名方式，如“本店自制帕尔玛干酪鸡肉”“鲜嫩烤鸡肉”“外婆家西葫芦饼干”。在这两种情况下，凡是点了目标菜品的顾客都会接受一份问卷调查，他们要根据问卷上提供的等级来评价自己对菜肴以及餐厅的喜爱程度。此外，他们还要评估自己为每道菜品可能支付的价格，并估计自己今后再点这道菜的可能性。

---

① 原产地命名控制是法国的一个产品地理标志，用于保障农产品的产地、质量、特性和生产者的制作工艺。

② 口腔高潮是阿摩尔滨海省某薄饼店的菜单上出现过的菜名。

根据菜品的不同命名方式统计出的消费行为和评价情况

	“传统”命名法	“美化”命名法
增加的销售量	0%	+27%
对菜肴的评价（数值越大，评价越积极）	6.3	7.00
对餐厅的评价（数值越大，评价越积极）	5.3	6.2
今后再点该菜肴的意愿（数值越大，意图越强烈）	5.9	7.1
对菜肴的估价（美元）	3.08	3.30

无论从哪个角度去分析，两种命名方式都在统计结果上出现了差异。正如我们所看到的，“美化”命名法不仅大大增加了顾客选择目标菜品的概率，而且使这些菜品受到了更积极的评价。另外，顾客也愿意为名称优美的菜品花费更多。

结论

语义的独特性能使同一件商品变得更具吸引力。与商品本身相比，商品的名称更能决定人们对它的兴趣。我们应当承认美化命名法带来的实用价值，况且这种命名方式还有其多样性——以地理位置命名，如“威尼斯馅饼”；以情感因素命名，如“艾伯特老爹鱼汤”；以感官效果命名，如“迷幻果汁冰糕”；以品牌命名，“芝华士酱汁”。看来，诺瓦奶奶[①]还没到退休的时候。

① 诺瓦奶奶是安德鲁公司旗下的一个专门以奶制品和甜品为主的品牌。

40 你确定自己买了一件很划算的商品吗？

想要让我们觉得自己在买一件很划算的商品，只有两种方法。一种是我们确实在买物美价廉的商品，另一种是让我们产生这样的感觉。而感觉是一种很主观的产物，所以卖家完全可以让我们产生一种促销商品比其实际优惠力度更诱人的错觉。要达到这种效果，通常只需更改刚才说过的话，同时开出比最初报价更优惠的条件。伯格把这种拆分优惠力度的销售技巧称为“优惠不止如此”技巧。

伯格曾以一个大学校园庆祝节为背景进行了自己的实验。两名售货员在庆祝节上经营一个出售蛋糕的摊位，各种蛋糕都陈列在一张桌子上，而蛋糕的价格并没有标示出来。当一名顾客来到摊位时，他将会面临两种预设的实验场景。在“优惠不止如此”的场景下，第一名售货员会告诉顾客，每个蛋糕的价格是 75 美分。紧接着，第二名售货员会随便找一个借口将第一名售货员叫到一旁，并恳请顾客稍等片刻。在与第二名售货员交流了 2—3 秒后，第一名售货员重新面对顾客并告知对方说，刚才给出的价格还包含两块饼干，于是他又向顾客展示了单独包装在一个盒子里的饼干。而在对照场景下，当顾客询问蛋糕的价格时，售货员会直接告诉对方，每块蛋糕都会与两块饼干搭在一起卖，总共的价格是 75 美分。实验结果如下方图表所示。当然，此处统计的是实际购买行为，因为研究者观测的变量是顾客购买整组产品的行为。

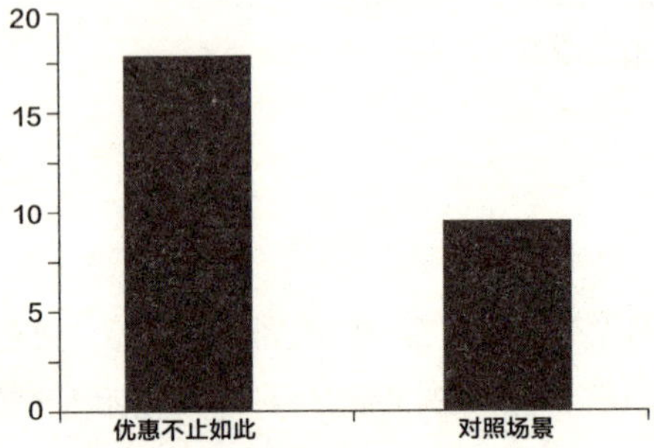

购买整组糕点的比率（百分比）

分步给出优惠条件的销售方式取得了积极的效果。

在第二项实验中，伯格通过一个降价销售的场景设计获得了同样的结果。在“优惠不止如此”的场景下，第一名售货员称每块蛋糕的价格为 1 美元，紧接着，在与第二名售货员交流之后，他又补充说，由于他们准备打烊，所以从即刻起蛋糕将以 75 美分的单价出售。而在对照场景下，售货员则直接给出 75 美分的价格。结果显示，44% 的顾客在对照场景下购买了蛋糕，而有 73% 的顾客在“优惠不止如此！”的场景下进行了购买。该销售技巧之所以有效，在很大程度上要归功于逐步拆解信息链的做法。此外，该技巧在强制销售的背景下也适用。伯格再一次通过实验证明，上门推销装饰蜡烛的售货员在“优惠不止如此”的场景下增加了近 3 倍的销售量——57% 的顾客在该场景下购买了蜡烛，而在对照场景下进行购买的顾客却只有 14%。

法语中的“印刷品”和“感觉”系同一词汇，所以此处其实有一语双关的幽默效果。

结论

名为“优惠不止如此”的销售技巧尽管很不可思议，却相当高效。那么它为什么能取得这样的效果呢？有人一开始可能会以为，这与人们强烈意识到一件商品很划算有关。但事实似乎并非如此，因为伯格明确指出，即使售货员特意提及“蛋糕现在的售价是 75 美分，而刚刚却要卖到 1 美元”这一优惠条件，也没有比对照场景售出更多商品。据伯格称，逐步拆解信息能够激发一种被他称为“让步效应”的现象。出于礼尚往来的心态，顾客会觉得自己也应该有所表示，于是便会买下商品。在另一项更能激发让步心理的实验中（售货员让顾客以为只有他一人有幸享受到折扣），伯格证实了“优惠不止如此！”的销售技巧更加奏效。

41 为什么当你可以拒绝一件事的时候，你却选择接受？

那些用于影响他人行为的技巧中有很大一部分都基于所谓的“承诺和一致原理”[①]。我们了解到，这些技巧的共同之处在于它们都建立在个人的自由意志之上。一个人总是享有接受或拒绝做某件事的自由，而这种自由就是这些技巧成功的先决条件之一。“自由”一词所指的权力于我们是何其珍贵，以至于一些研究者认为，仅仅在口头或书面形式上提及该词的含义就足以鼓动一些人做出这样或那样的行为。简而言之，我们只需告诉某人他有自由选择的权力，就能促使他去做我们想让他做的事。

> 在帕斯夸尔和盖冈进行的一系列实验中，他们曾拜托路人进行小额捐款，即一位实验者在街上向路人求助，请大家给他一点零钱来买一张公共汽车票。在“你有自由决定权”的场景下，路人是这样被求助的：“您有自由决定接受或拒绝我的请求，但如果您方便的话，给我一些零钱搭公车好吗？”在对照场景下，实验者只会说：“拜托您给我一些零钱搭公车好吗？”接下来，研究人员便统计了捐出零钱的人数，以及他们所捐款项的平均数额。

---

① “承诺和一致原理”指我们一旦做出了某种承诺，或选择了某种立场，就会在个人和外部环境的压力下，迫使自己的言行与承诺保持一致，哪怕这种行为偶尔会有悖于自己的意愿。

	对照场景	“你有自由决定……”场景
捐款人数比率（百分比）	10	40
捐款平均数额（欧元）	0.49	0.91

在提到“自由”这一概念后，不仅有更多人愿意捐款，而且捐款的人还表现得更慷慨。

上述结论也在其他研究中得到证实，也就是说，提及“自由”一词的含义能使被求助者更倾向于接受他人对其提出的请求。需要注意的是，若实验者在求助对方时索要的是一笔数额明确的零钱，那么“你有自由决定权”的求助技巧就达不到如此理想的效果了。因为在这么做的同时，被求助者会觉得自由度有所下降，这就导致他捐款的欲望也跟着减弱了。

商业应用

研究者在近期复制了上述实验。一位电话接线员负责联系潜在的顾客并核准对方的身份。接着，接线员会告知对方自己的公司可以为家庭派送自制的冷冻食品，而今晚正好有一位送货员要经过该联系人所居住的小区。在对照场景下，接线员会询问对方是否同意让该送货员将宣传公司产品的小册子送到他的家中。而在实验场景下，接线员会这样说：“你完全有自由接受或拒绝下面这个提议，但您若方便的话，可否允许该送货员将宣传公司产品的小册子送到您的家中？”结果表明，在对照场景下，仅有 13.2% 的潜在顾客接受了提议；而在提及“自由”一词的场景下，则有 22.8% 的人接受了提议。

互联网上的自由

虽然在互联网上操控社会变量有一定的难度，但研究人员可以使用劝导的方式来鼓励网络用户做出某些行为。

在这项实验中，研究人员测试了一条网络信息的影响力，该信息的主题是鼓励人们去访问一个人道主义组织的网站。

研究人员从网络上获得的一张电邮地址名单中随机抽取了 900 名用户，并向他们发送了一封邮件。信件的内容里包含这样一句话“你若愿意花 5 分钟的时间关注一下地雷受害儿童，请点击……”。在这句话的下方有一个 HTML 页面，里面包含一个 1 × 7 厘米的按钮，研究人员会根据受试者的不同组别在按钮上标记特定的信息。第一组为“新进展”，第二组为“点击此处”，第三组为“你可以选择点击此处”。按钮被附上了超链接，点击以后可以进入专为此次实验设计的网站。该网站仅包含一个页面，它的第二部分会邀请访问者签署一封反对地雷的请愿书。签署者要在一份表格上填写自己的姓名和邮件地址，并在最后按下发送签名的按钮来落实请愿行为。研究人员统计了在每种情况下访问网站和签署请愿书的网络用户数量。

	按钮上的信息		
观测的变量	新进展	点击此处	你可以选择点击此处
访问网站的用户比率（百分比）	52.7	65.3	82.0
签署请愿书的用户比率（百分比）	4.0	5.7	7.3

看来，暗示“自由”之意能够影响网络用户的行为。当按钮上的信息提及网络用户的行动自由时，有更多的人选择了访问网站和签署请愿书。

结论

“自由”一词对人们的行为存在着十分强大的影响力，自由的感觉是让一个人自发做出某种行为的先决条件。这个行动的前提在我们的脑中已如此根深蒂固，以至于只要有人提起它便足以激活我们的行动模式。而提出请求的人在提到自由这个概念的时候，他会感觉自己对被请求者的控制力减少了。

当然，语义产生的影响也为其他研究打开了大门，因为自由感完全可以用其他词汇或语序来表达。如“我不想强迫你”，“你按照自己的想法去做吧”，“由你说了算”，“你可以自由……”等等，都诠释了让他人自由做决定的意思。另外，你只要留心观察一下大部分的广告信息和商业网站就会发现，这类呼吁“自由”的表达方式是相当常见的。

42 为什么说物以稀为贵？

我们经常听到人们说“物以稀为贵”。这种现象通常是指那些根据供求法则存在的产品。然而，我们也不能排除稀缺性对人们造成的心理作用，以及它对人类行为的影响。既然我们已经了解了这个机制，我们就可以利用它来使一个人对任何一件产品发生兴趣。

稀缺品一定是好东西

且不论一件产品的内在属性，其稀缺性或充裕性是否会影响人们对它的评价？实验研究表明，答案是肯定的。

沃切尔和他的同事们曾邀请一群年轻女性品尝巧克力饼干。实验者请受试者坐到桌前，桌上的一个盒子里或装有 10 块饼干，或装有 2 块饼干。这时候，另一位实验者会走进来，根据不同的实验场景称自己邀请的品尝者吃了数量很多或很少的饼干。于是第一位实验者便提出交换饼干盒，而受试者则见证了饼干盒里的饼干从 10 块变成 2 块（稀缺性），或从 2 块变成 10 块（充裕性）的变化。接下来，实验者请受试者品尝饼干，并对其做出评价。受试者需要说出自己对饼干的喜好程度，并回答如有机会获得更多饼干她们会怎么做。最后，她们还要估计这些饼干的价格。

结果表明，与饼干数量变得充裕的情况相比，受试者会在饼干变得稀缺时觉得它们更诱人且品质更佳。此外，当饼干数量减少时，受试者给出的估价也更高。

仅仅用饼干和一个实验场景对其数量变化进行简单的模拟，就能使人们对饼干的评价产生如此巨大的差异。倘若是一件众所

> 周知的天然稀缺产品，结果更是可想而知。毫无疑问，人们对物品做出的估价与其附加信息，以及人们赋予它的权限是密不可分的。

将要变成稀缺品或买不到的商品就是好东西

另一种制造稀缺效应的方式是限定某件物品的供应期限。这样的操作模式在限时拍卖中是非常典型和常见的。拍卖越接近尾声，竞拍价格越高，竞价速度越快。产品的附加信息也在此处体现出了自己的重要性。

> 阿加沃尔和瓦伊迪耶纳坦曾通过观察和比较找出最能有效加速购买行为的技巧。制造商发行的有效期为一年的折价券，店铺发放的有效期更短的折价券，以及限制购买时间的刺激性标语，例如仅限 5 月 10 日周四发售、仅在 10 小时内出售，等等。
>
> 结果表明，限时销售的标语收到了最显著的效果。由此可见，规定销售时限的语义信息对消费者最有影响力。

商业应用

“全法国限量销售 1000 件”这样一条标语曾在某天吸引盖冈来到离家 70 千米远的一家商店。不巧的是，他赶到的时候已经太迟了——“很抱歉，先生，您想要的货品已在今天上午销售一空。”不过该商店当时也在推出其他促销产品，所以盖冈并没有空手而归。几个月后，当盖冈真正有空去完成装修[①]的时候，他在离家 2 千米的地方发现了一件极其相似的商品，而且其价位也与当初没买到的那件产品在同一水平。尽管这听起来有些偶然，但你或许也碰到过这样的事：一条声称产品数量稀少的信息就能让你采取意料之外的行为。无论如何，盖冈的这段经历

① 很多法国人都热衷于自己选购材料，并亲手干些修修弄弄的零活。

都说明，造成产品稀缺的印象完全是商家促销的一种手段。

> 西奥迪尼叙述了一项由他学生完成的实验。该学生经营着一家专门向连锁超市提供肉制品批发、半批发的企业。通常情况下，销售程序会通过电话进行。卖家用平常的方式向第一组客户进行电话销售，然后，他继续用相同的方式给第二组客户打电话，并补充说明在接下来的几个月，进口牛肉的供应将会减少。接着，在与第三组客户通话时，卖家不仅沿用了对第二组客户的说辞，还让对方以为该信息是对外保密的，即只有该客户的公司掌握此商业机密。
>
> 结果表明，与没有收到任何供货短缺信息的第一组客户相比，第二组和第三组客户购买了更多商品。不过，最高的销售额还是出现在了第三组。这也难怪，该组客户在得知市场即将面临货源紧缺的同时，还了解到自己是鲜少掌握该战略信息的公司，这种双重稀缺性肯定会刺激客户大量购进商品。

时间压力

鼓励人们采取购买行为的另一种方法是让他们以为某项优惠促销活动不会持续太久，这就是所谓的时间稀缺性。

布兰农和布罗克曾设计以下实验：让一个餐饮外卖部的顾客以为某项优惠促销活动仅持续很短的一段时间。一个汽车穿梭餐厅[①]的数百名顾客在点完主餐之后，负责订餐的工作人员都会向他们推荐同一款甜品。不过，他们的推荐方式分以下两种：在任何情况下，订餐人员都会先说，该甜品与顾客所点的主餐很相配，然后对于其中一半顾客，订餐人员会称该甜品全年都有优惠，而对另一半顾客，订餐人员则称该甜品

① 汽车穿梭餐厅是特为驾车者开设的外卖窗口，驾车者可在不下车的情况下直接通过外卖窗口点餐、付费、领取食品。

仅在当天有折扣。

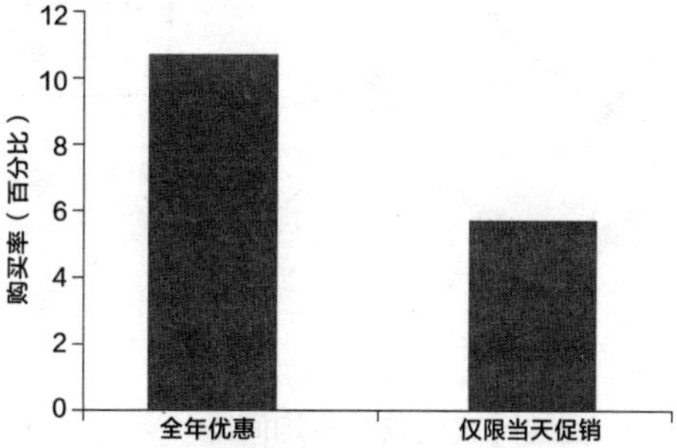

不同情况下的购买率（百分比）

我们看到，在促销活动持续时间很短的情况下，购买甜点的顾客多了近 2 倍。由此可见，减价优惠的短暂性能使顾客更倾向于选购推销的产品。

更接近目标

另一种制造消费时间压力的方式是让消费者感到自己正在接近一个对自己有利的目标。努涅斯和德雷兹曾设计以下实验：他们向一家洗衣站的客户发放了两种类型的会员卡，这两种卡的共同点是，客户在购买了 8 次清洗服务之后可以获得一次免费洗衣的机会。第一种会员卡包含 8 个空格，客户每次来店洗衣，工作人员都会在其会员卡的一个空格里打上标记。当客户返还集满 8 个标记的会员卡时，他就可以在下一次享受免费的清洗服务。第二种会员卡包含 10 个空格，不过当客户首次来店洗衣时，工作人员会对对方称，洗衣站正在进行一项特别的优惠活动，因此会员卡的头两个空格已被免费打上标记。接下来，在客户集满卡上 8 个标记的这段时间里，研究人员观测了他们从上次洗衣到下次洗衣的间隔天数。

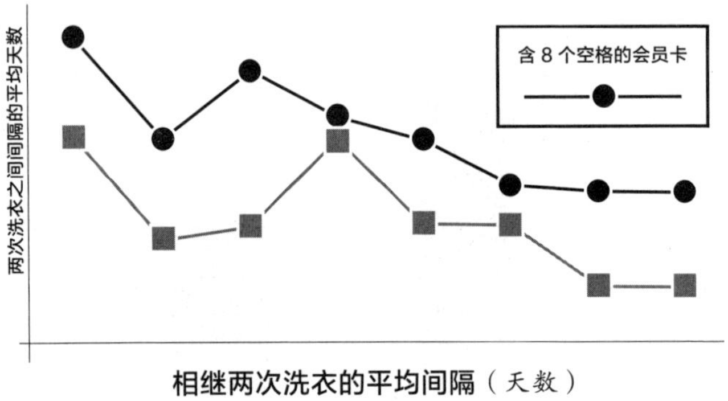

我们可以看到，那些会员卡上有 10 个空格且其中两格被预先打上标记的客户从一开始就更加频繁地来店洗衣，仿佛有什么力量在促使他们尽快集满卡上的标记。然而实际上，两种卡在提供免费洗衣之前需要积累的洗衣次数却是完全相同的。

结论

一件产品不见得非得是罕见的才更具吸引力。想达到这些效果，关键是要使人们相信该产品的稀有性，而这只需通过文字的巧妙运用就可以办到。关于时间的收缩，道理也是一样，只要让顾客以为自己接近目标了，他们的购买速度就会加快。任何试图推销某产品的信息或消息，只要它能说服人们相信该产品的稀有性，或时下优惠活动的短暂性，就能够增加该产品的吸引力。

43 涓涓溪流一定能汇聚成江河吗？

索要得很少，反而能获得更多？假如人类是一种绝对理性的动物，那么我们似乎应当认为，我们向他人索要得越少，他人就会给予得越少。但接下来的实验案例却证明，事实并非如此。恰恰相反，当我们向一个人索要得很少时，这种举动会引导此人对我们所说的话做出不一样的解读，并往往会促使他给予更多。

> 第一次用实验方式验证上述理论的是西奥迪尼和施罗德。这两位研究者曾前往某住宅区的一些居民家中，称自己是某抗癌组织的成员，负责为癌症研究募集资金。在这番自我介绍过后，研究者会将一个用于邮寄善款的信封交给对方，并请求对方通过捐款帮助他们。在实验场景中，研究者会补充说这样一句话："即使是一便士也可以帮到我们。"在对照场景中，研究者则不会赘言。接着，研究者会对被请求者表示感谢并离开。由于实验需要，所有发放出去的信封都被编上了代码，研究者则据此统计了在每种场景下捐款的人数比率，以及每笔善款的平均数额。

捐款人数比率和人均捐款数额

	“即使是一便士……”	对照场景
捐款人数比率（百分比）	50.0	28.6
人均捐款数额（美元）	1.54	1.44
善款总额（美元）	30.34	18.55

补充说明“即使是一便士也可以帮到我们”这句话能使人们更愿意参加捐款。不过，人均捐款数额却没有发生明显变化。但无论如何，最终筹集到的善款总额还是出现了实质性的增长。

上述结果并非出于偶然，实际上，人们在数项研究中都观察到了同样的现象。赖因根通过实验证明，在为心血管疾病的预防募集捐款时，使用以上实验中的表达技巧比在对照场景下吸引了更多人捐款。

里夫斯、马科利尼和马丁曾于 1987 年成功地为一个负责接待叛逆青少年的慈善协会募集到了更多善款。此外，这些研究者还发现，当他们索要的金额很少时，捐款者捐出的金额往往会很多。同样地，里夫斯和索瑟也通过实验证明，在筹款者当面收取善款的情况下，补充说“即使是一便士也可以帮到我们”这句话，不仅能使捐款人数增加，还能使人均捐款的数额增长。最后这个案例来自珀赖因和希瑟的一项实验：他们在为动物保护事业募捐时发现，只要在介绍慈善事业和鼓励捐款的海报上标注上面那句话，就能使设置在公共场所的募捐箱征集到更多的善款。需要说明的是，该实验中的捐款行为纯属自愿，现场并没有安排组织募捐的人。

结论

索要得很少可以使我们获得更多，因为人们在收到此类信息时会对其进行特殊处理，而他们采取的行为往往不受信息内容的支配。据那些探索过该表达技巧的研究者推测，补充的那句话似乎能打破人们回避请求的行为模式，并使他们推断出求助者及其所在的慈善协会是真的需要帮助。所有这一切再次表明，信息表达中的微妙差异能对行为产生实实在在的影响。

44 为什么我们要在见面时问对方：“你今天顺利吗”？

社会关系中存在着大量的习惯用语：“你好吗？”“怎么样？身体还好吗？”……于是，一些同样惯用的回答便应运而生：“挺好的”“身体不错”…… 我们总倾向于认为，这些都是客套话，因此它们起不到什么影响。但结果恰恰相反。一方面，这些惯用语往往代表着一种规范，而不遵守规范的行为会让人对犯规者产生负面印象；另一方面，这些惯用语通常被用来开启一段社会关系：若要在不打招呼的情况下和他人开始交谈，恐怕没那么容易，况且也会显得不自然。

> 据研究社交影响的专家称，这些开启社会关系的惯用语似乎不仅能迫使对方采取与之相应的态度，而且能诱导对方进入一种愿意配合完成后续某项行为的状态。例如，面对“你感觉如何？”这样的问题，我们常常会不假思索地给出肯定回答，“我

很好”或“还行”。而这种答复会对我们形成一种压力，因为我们表现出来的状态必须与之相称，也就是说，我们会被迫采取一些与我们的回答相符的行为。

上述压力便是一种能对行为产生影响的因素，一位社会心理学研究者将这种造成压力的表达技巧戏称为“话语绑架法”。

霍华德设计的实验通过电话进行。实验者从一个城市的电话簿中随机选取了一群联系对象。实验者在电话里称自己代表的是一个对抗饥饿的慈善协会，然后介绍说一名协会成员将会到对方居住的小区出售公益饼干，于是问对方是否愿意参加并购买，接着又补充说如果对方有需要，他们可以提供送货上门的服务。在“插足入口法”的场景下，实验者会在提出请求之前询问对方的状况——联系人一接电话，实验者就会对他说：“晚上好，您今晚过得好吗？”如果对方给出肯定回答，实验者便补充说自己“很高兴听到这个消息”；如果对方给出否定回答，实验者则称自己“很抱歉听到这个消息”。在此之后，联系人才会听到与对照场景相同的说辞——实验者进行自我介绍，然后解释其所在协会的善举。

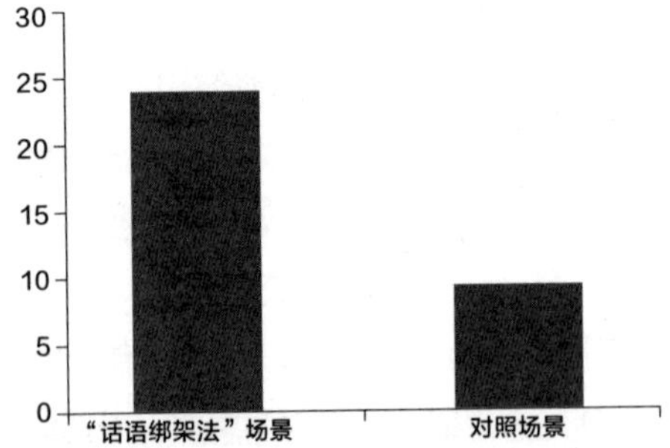

同意购买饼干的人数比率（百分比）

在为公益事业求助某人之前，如果能询问一下对方的心情

> 或身体状况，将增加对方接受请求的可能。若对方称自己感觉良好的话，他便会采取一种与自身回答相称的表现，继而更倾向于接受请求。

当然，这只是初次实验，因此在解读研究结果的时候，我们有理由质疑它的某些不确定性，或对其做出一些补充性的解释。

例如，实验者在最开始询问联系人状态如何的时候，对方有可能因为这句问候而对实验者产生了更积极的印象。这就是为什么霍华德要进行第二个实验的原因，这一次，他设计的实验场景与之前略有不同。

霍华德复制了“插足入口法”的实验场景，不过在此基础上，他又加入了另外两个场景。其中一个场景叫作“单纯提问”：实验者会在一开始询问联系人状态如何，但不等对方做出答复，他便提出希望对方购买饼干的请求。另一个场景叫作“单纯声明”：实验者一上来会称自己希望对方“今晚一切安好”，然后再提出同上请求。

同意购买饼干的人数比率（百分比）

单纯提问	单纯声明	“插足入口法”
15.0	15.0	32.5

由此看来，让“插足入口法”发挥效应的，并不是通话开头的单纯问候或礼貌用语，而是联系人的回答。因此，等待对方做出答复很重要。只有这样，我们才能指望该答复对其接下来的行为产生预期的影响。

结合上述结论可以推想，大量常用的社交语言都可以在人与人之建立联系之初起到积极的作用。为了验证这个假设，梅内里和盖冈测试了一句惯用语的影响力。这句话就是“但愿我没有打扰到你”。他们设定的实验背景是为某家地方报纸做一项电话调查：几位电话调研员从一本通讯录里随机抽取一群联系对象，并给这些人打了电话，目的是要邀请他们参与这项调查。在情景 1 中，电话接线员先做自我介绍，然后说希望自己没有打扰到对方，接着便等待对方答复。不论听到怎样的回答，接线员都会请求对方参与调查。在情景 2 中，接线员会按照相同的方式进行表述，唯一的区别是，他会不等对方答复便直接邀请对方参与调查。在作为对照的情景中，接线员则不会插入上面那句惯用语。结果显示，在情景 1 中，有 25.2% 的人接受了邀请；在情景 2 中，有 19.0% 的人接受了邀请；而在对照情景中，只有 17.3% 的人愿意参与调查。

结论

综上所述，社交互动的惯用开场白并不像人们想象的那样无足轻重，而“插足入口法”这种表达技巧的影响力更是在数项研究中得到证实，由此也进一步体现了常用社交语言的重要性。另外，一些惯常行为的影响力同样不容忽视。例如，盖冈最近的一项研究指出，那些负责挨家挨户推销或募捐的人员若能在请求进入对方家中时，主动在门前的擦鞋垫上拭去鞋底的灰尘，便更有机会被获准进入室内（尚未发表）。遵守社交规范是顺利展开社交互动的关键因素，也是成功建立商业关系的重要前提。

45 你更青睐漂亮的、聪明的还是性感的女人？

我们已经看到，外貌似乎是男性评价女性时的一项重要参考标准。不过，当男性无法在第一时间看到女性的长相时，能使他们对对方产生好感的因素会是什么呢？女性又该怎样介绍自己才能使自己更具吸引力？

> 斯特拉斯伯格和霍尔提曾在一些交友网站上发布了四则女性寻求男性伴侣的启事。启事中所描述的女性都具备相同的基本条件，即年龄、发色、兴趣爱好均相同，都喜欢孩子，都欣赏幽默的男性，都热爱绘画等。在发布征友启事的时候，第一则作为对照场景仅包含上述信息；其余三则在复制第一则内容的基础上，各自添加了两个形容词："可爱又苗条""性感又热情"或"聪明且有野心"。接下来，研究人员进行了为期 6 周的观测，并统计了每条启事收到的回应数量。以下是得到的结果：

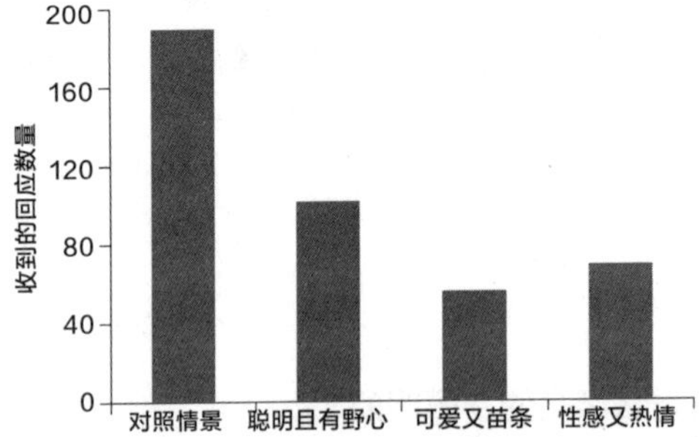

出人意料的是，最吸引男性的女性特质竟然是其在事业上的野心。这很有可能是网络用户的特殊背景造成的。因为该实验虽发表于 2003 年，却是在 1997 年进行的。在那个时代能操作电脑、使用互联网的，都是一些高学历或高职位的人。描述女性外貌的启事虽然排在第二位，却与该课题的其他研究得出的结论相符。

46 我们可以把内心隐秘的想法大声说出来吗？

翻看先前相关的研究记录，我们就能发现，暧昧的双方会互相发送微妙的信号。当然，有人会说，在爱情里玩捉迷藏的游戏多浪费时间，如果双方都知道对方要什么了，那为什么不直接一点呢？这就涉及本篇要讨论的主题了。拉贝儿组合 1975 年推出的那首热门单曲《果酱女郎》里有一句经典歌词："你今晚是否想与我共度春宵？"，那么，像这样大胆的表白方式真的有效吗？

为了解开上述疑惑，克拉克和哈特菲尔德曾在美国的一所大学校园里进行了以下实验：一些 20 岁左右的学生受到研究者的委托来协助开展实验。他们首先要选出一名外貌具有吸引力的男 / 女大学生，而且选中的对象要能够使他们在有机会的情况下愿意与其发生性关系。接着，受委托人便与他们选择的异性目标进行搭讪。根据不同的情况，受委托人会对搭讪目标直截了当地说："你今晚愿意和我去约会吗？"或"你今晚可以来我的公寓吗？"或"你今晚和我做爱好吗？"研究者分别在 1978 年和 1982 年以相同的方式进行了该项实验，尽管只有 4 年之隔，却依旧反映出了美国社会在性行为方面的变化趋势。

最后获得的实验结果如下表所示：

接受邀约的人数比率（百分比）

年份 / 搭讪者的性别	约会	拜访公寓	发生性关系
1978/ 男	56	6	0
1978/ 女	50	69	75
1982/ 男	50	0	0
1982/ 女	50	69	69

如我们所看到的，男性比女性更乐意接受性行为的提议，更确切地说，女性一致抗拒性关系的发生。

需要说明的是，研究者于 1990 年，也就是艾滋病流行的时期，重新进行了上述实验，因为艾滋病在 1982 年时还鲜为人知。结果表明，人们在行为上并没有发生多大差异。盖冈及其同事于 2006 年以相同的方式在法国进行了上述实验，不过这一次，他们特意安排了一些外貌吸引力有所差异的搭讪者（与研究人员串通好的实验人员）：在被选定的四名搭讪者中，有一名年轻男性和一名年轻女性被同龄异性评为“性感迷人度十足”，而另一名男性和另一名女性则被评为“性感迷人度一般”。在该实验中，搭讪者会称自己的公寓就在附近，于是邀请对方到自己家喝一杯饮料或发生性行为。以下是得到的实验结果：

接受邀约的人数比率（百分比）

	拜访公寓		发生性关系	
	魅力一般	魅力十足	魅力一般	魅力十足
男性邀约者	23.2	57.3	0.0	1.6
女性邀约者	81.8	97.6	61.2	84.6

在法国得到的实验结论与美国基本相同。尤其是女性这方面，她

们在面对搭讪者发出的性交提议时，无论对方的魅力如何，一律都表现得非常排斥。至于男性这边，年轻女性的魅力越大，他们接受邀请的概率就越高。同样地，有魅力的男性也能使女性更愿意接受邀请，但这仅限于到对方的公寓做客。对于更大胆的请求，即使搭讪者再有魅力，也无法让女性点头答应。

当然，男性和女性在行为上的不同可以找到多种解释。在上述实验中，造成这种现象的原因应该不是性欲的差异，而是搭讪者的提议背后所隐藏的风险：对女性而言，独自接受一个陌生人的邀约确实存在安全隐患。

为了排除这种顾虑给实验结果带来的干扰，克拉克曾拜托一些男性和女性配合他完成了以下实验：他们要打电话给自己的朋友，并向对方大肆称赞一个要来家中做客的朋友。接着，他们要补充说自己感觉对方和这位朋友很合适，于是询问对方是否愿意跟这位朋友到他的公寓去，或和他发生性关系。克拉克认为，这种操作方式可以让实验对象减少安全方面的顾虑，因为一个朋友认识和推荐的人总是相对可靠的。下列图表展示了最后得到的结果：

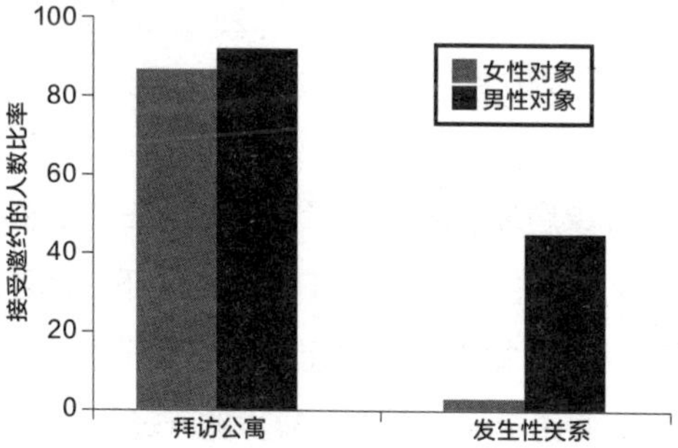

实验结果较之前出现了一定的变化，尤其是关于拜访公寓的部分。不过谈到性爱方面的邀约，男性和女性在回应方式上仍存在着相当明显的差异。与女性相比，男性并不那么抵触性行为的发生。

当女性主动要求发生性关系时，很多男性都会很爽快地接受；而当男性提出这类要求时，女性则往往会表示拒绝。由此可见，对男性而言，把内心隐秘的想法大声说出来并不是一个明智的策略。

47 我们会对自己的一言一行产生自恋情结吗？

我们在观察交谈中的两个人时会发现，对话的双方会互相模仿对方，比如重复谈话中的一些字眼、微笑或表情，这种模仿行为似乎是不由自主的，对于一些我们不熟悉的人，我们会倾向于模仿他们的肢体动作。据一些研究者称，模仿行为可能具有主动适应他人的功能——它能使被模仿者感觉自己说的话激起了听者的兴趣，并获得了一种支持和认可。而另一些研究者则认为，我们之所以会有模仿他人的倾向，也许是因为模仿行为能使被模仿者对我们更有好感。事实上，有些研究已经证明了这个观点。

上述现象启发盖冈探索了模仿行为在“极速约会”这种现代联谊相亲活动中的影响力。在这种背景下，尽管大家的见面时间很仓促，但面对面的接触体验毕竟不同于网恋的交友模式。

研究者邀请了一些24岁—30岁的年轻女子来协助完成实验。她们都很熟悉这种类型的相亲活动，而她们的任务则是在这些聚会上结识一些男性，并在交谈中模仿他们的行为和话语。在正式实验之前，研究者带领这些女性对可能出现的场景进行了必要的演练。在实验条件下，研究者要求她们每隔一定的时间就模仿一次对方的肢体动作，例如捋头发、挠手臂，或重复对方说过的一些话。当然，这些女性不会去模仿对方的每个动作或每句话。鉴于这些互动交流平均持续 5—10 分钟，她们会试图在这段时间内将男性的动作和话语重复 4—6 次。实验分三种情况进行：在第一种情况下，上述年轻女子既模仿动作，又重复话语；在第二种情况下，她们仅模仿动作，或仅重复话语；在最后一种情况下，她们在交谈时既不模仿动作，又不重复话语。在相亲大会结束时，男性参加者被要求在互动过的女性中选出最有可能继续发展的三位，并给出她们的名字。另外，他们还要说出哪位年轻女子最让自己心动。

在对男性选出的三名最有好感的女性姓名进行统计后，研究者得出了如下结果：

研究者安排的年轻女子出现在好感度票选前三名的比率（百分比）

模仿的程度			对照场景
话语 + 动作	仅模仿动作	仅重复话语	不进行任何模仿
48%	29%	34%	22%

正如我们所看到的，同样的一组年轻女性，在模仿男性的情况下，她们被男性选为发展对象的可能性会提高。

那么，最让男性心动的女性又有谁呢？实验结果如下：

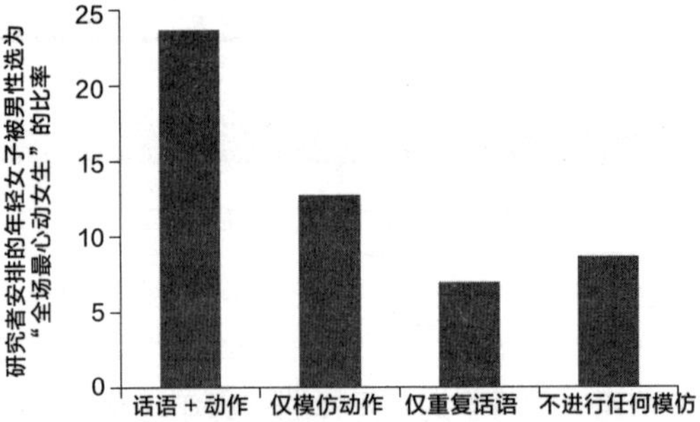

显然，“模仿者”在模仿的情况下更受欢迎。以上案例证实，在培养恋情的时候也好，在其他的场合下也罢，我们都更青睐那些模仿我们的动作和话语的人。

试着思考一下，我们之所以会喜欢那些模仿自己的人，难道不是因为我们很享受透过他人爱我们自己的过程吗？另外一些研究同样指出了模仿行为与好感度之间的联系，不过它们不仅证明了“模仿我们的人会引起我们的好感”，还证明了“想博取我们好感的人会模仿我们”。例如，卡瑞曼斯和威尔外梅伦发现，一些男性会利用模仿来取悦年轻女性。此外，这两位研究者还指出，那些在实验阶段处于单身期的男性比恋爱中的男性更频繁地模仿了研究者们故意安排的一位年轻女子。他们在对一些年轻女性进行实验时，也观察到了相同的现象：那些无男性伴侣的女性更频繁地模仿了研究者们故意安排的男子。

结论

综上所述，我们似乎会被复制我们言行的人所吸引，而我们自己也会利用模仿来博取他人的好感。可见，模仿行为确实在恋爱游戏中扮演着自己的角色。我们在“极速约会”的实验中已经看到，尽管接触时间有限，但模仿者还是有效地提升了自己的魅力。于是我们推想，当恋爱双方开始花时间去了解、适应和倾听对方时，这种对言行的模仿将发挥更加重要的作用。

48 男性的幽默感对女性而言重要吗？

女性通常会在男性身上寻找的一项品质是他的幽默感。关注一下网上发布的各类征友启事我们就会发现，“幽默感”一词频繁地出现在理想伴侣应当具备的品质中。

> 格拉默和艾布尔—艾贝斯菲尔德在 1990 年发布的一项研究报告中指出，一名女性在交谈中发出的笑声能够预言一段恋爱关

系的可能性的大小：女性发笑的次数越多，当时与其在一起的男性越有希望成功地追求到她。不过，女性发笑的原因到底是因为她觉得这名男性很有趣，还是因为她很中意他？

为了解开这个疑惑，布雷斯勒和巴尔塞向一群女学生展示了一些男性照片，每张照片还配上了该男性说过的一句幽默或不幽默的话。接下来，受试者们要用一些形容词来评价照片上的男性，并说出对方是否适合作为恋爱的对象。

结果显示，对于同一名男性，其作为恋爱对象的吸引力在配上幽默的话语时比配上中性的话语时要大得多。另有补充性的结果表明，有幽默感的人会被认为具有更强的社交适应能力，但其诚实度和可信赖度却会在他人的印象中稍有减分。

看来，在实验室的调查背景下，女性的确欣赏男性的幽默感，那么在真实的生活中，并且当女性正处在被追求的阶段时，她们对男性的幽默感又将持怎样的态度呢？另外，在上一项研究中，我们无法知晓女性的好感是来自于幽默本身，还是来自于待评价者制造幽默的这一行为。

在盖冈及其同事开展的一项研究中，他们找来了三位年轻男子作为实验同伙。这些男子要在一家咖啡厅的露台上，故意找靠近一位或两位年轻女孩的座位坐下。然后，他们要按照指示假装闲聊两分钟，聊天内容为学生生活中遇到的各种问题。闲聊过后，他们中的一人要向另外两人讲两则有趣但不低俗的笑话。讲笑话的人要故意放大音量，使得坐在邻桌的人也能听到，而另外两个同伙则要在每个笑话的结尾大笑出声。两则笑话讲完后，作为听众的两名同伙要以买烟为借口，故意离开一段时间。

在另一种实验场景下，一切都按相同的方式进行，不过离开买烟的两名同伙中会包括讲笑话的那一位。接下来，剩下的那名同伙便要担当起“搭讪者”的角色。他要向坐在邻桌的年轻女孩主动发话："这下可好，我都找不到说话的人了，如果你们不介意的话，咱们互相认识一下吧，我叫……"负责搭讪的同伙会在这时开启一个数字录音器。与此同时，一位被安排在附近的观察员会根据肢体语言来分析女孩们对搭讪请求的接受程度。之后，研究者亦会根据录音内容对女孩们的回答进行接受程度的分析。通过结合这两个信息源，我们就可以判断女孩们对搭讪者的请求给出的大致是肯定答复还是否定答复。得到的结果如下：

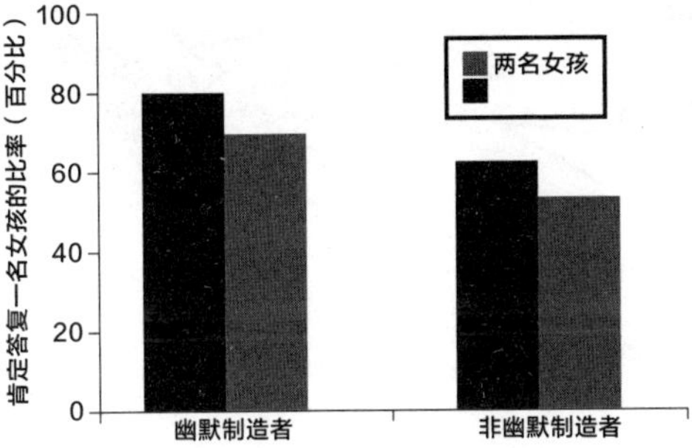

由此可见，尽管女孩们因听到邻桌讲的笑话而愉悦了心情，但让她们产生好感的却不是幽默本身，而是制造幽默的行为。所以说，男性在去见朋友之前，若能从书上或网络上学几段小笑话，将会大有裨益。此外，他们还发现，讲笑话给朋友听的男孩在年轻女孩看来更聪明、更善于交际。

画者：马拉伊

为什么女性会偏爱有幽默感的男性?

也许你会回答：因为女性不想自己的另一半那么无聊，她们想要笑口常开。然而对于行为学的研究者来说，原因却没有那么简单。据进化心理学家们称，幽默感的意义已不再是单纯地带来欢声笑语，因为男性在制造幽默的同时，也展示了自己的智商和社会能力。而女性都希望自己未来的后代能有更优越的天资，于是她们便会更青睐那些能够将上述优势遗传给自己孩子的男性。

49 他 竟然还记得我！

“你好，我记得你，你叫埃里克不是吗？咱们去年6月在波尔多的研讨会上见过。”有时候，我们会因为别人记得我们的姓名而深感荣幸。若此人身居要职或在你眼里是个重要的人，那么这种受宠若惊的感觉就会更加强烈。但如果别人记住我们的原因来自于外部环境因素，那么这种记忆就不会打动我们。例如，“我们大家在不到一小时之前才经人介绍过”；“他之所以记得我的名字，是因为我们在被介绍认识以后，我失足摔了一跤”……如果对名字的记忆能被我们解读为是一种恭维和赞赏，那么这种记忆就会带来积极的效应，而我们也会因此更容易受人影响。

霍华德、吉恩格勒和贾因等人曾在美国一所大学里进行了如下实验：在某课程开课之前，一名教师首先邀请学生们做了一段简单的自我介绍，并谈了谈自己在学校里的兴趣和爱好。自我介绍结束后，老师解释说自己需要和每位同学单独聊一聊，以便确定课程的难易程度，于是学生们通过填写一张表格定下了自己隔天与老师的见面时间。第二天，当一名学生来到办公室时，老师会故意表现出一副努力回想学生姓名的样子，三秒钟过后，老师会根据实验场景的安排，准确叫出该学生的姓名或称自己记不起来了。在对照场景下，老师只会在看到学生时，直接请他坐下。接下来，不论在哪种实验场景下，老师都会和学生就其学习和工作经验进行交谈。谈话结束时，老师起身对学生说自己还有别的事要问他，于是开始介绍说自己的妻子在为一家慈善协会销售饼干，并询问学生是否有意购买，毕竟每块饼干只要25美分。与此同时，老师把学生引到一张桌旁，桌上摆放着各式饼干和一只装有零钱及纸币的小碟。一块牌子上标着饼干的价格，并特别说明所得收入将全部捐给一家慈善协会。

据统计，学生们对该项提议的回应结果如下：

学生们在不同情况下购买饼干的比率和数量

	记得姓名	不记得姓名	对照场景
购买比率（百分比）	90.0	60.0	50.0
购买饼干数量	1.70	0.80	0.63

如上表所示，在老师记得学生名字的情况下，学生的购买行为受到了双重影响：不仅有更多人愿意购买老师推荐的产品，而且他们购买的数量也更多。由此可见，某人记得我们名字的这一表现会使我们变得更容易受此人意见的影响。

上述研究人员进行的一项补充研究表明，学生们之所以会更积极地购买饼干，不仅是因为老师记起了他们的名字，更是因为这种记忆的形成方式。事实上，在补充的第一个实验场景中（称为“新近记忆”），老师会对走进办公室的学生称自己在一个半小时之前已经查看过名单，于是让学生不要说出他的名字，因为自己思索一下就能想起来。在第二个场景中（“非新近记忆”），老师会称自己事先没有查看过名单，但他同样让学生别说出他叫什么，并称自己能从昨天课上的自我介绍中回想起该学生的名字。在说这些话的同时，老师会装出一副努力思考的样子。思考了三秒之后，他会根据不同情况准确喊出学生的名字或故意喊错。接下来的实验程序则与先前完全一致。结果表明，在“非新近记忆”的场景下，若老师回忆起了学生的名字，则有 100% 的学生购买了饼干，并且平均购买量达到了 2.10 块；而在“新近记忆”的场景下，若老师回忆起了学生的名字，则只有 60.0% 的学生购买了饼干，并且平均购买量仅为 0.90 块。可见，真正引起学生行为变化的，并不是回忆起名字的这一举动，而是名字被记住的方式。另外，研究人员还发现，在老师回想起学生姓名的同时，学生的内心世界也发生了变化，因为他们在这之后表现得更加愉悦放松，并且感到更加荣幸、更受鼓励。当然，这些效果仅在“非新近记忆”的场景下产生。

结论

很显然，若记住我们名字的是一个地位更高的人或对我们而言具有重要性的人，我们会对此人更加殷勤，同时也更容易受其影响。据研究者称，出现这种现象是因为记得他人名字的行为会被看作是记忆者对名字主人的一种恭维和赞赏。因此，名字的主人才会想用礼尚往来的方式来报答对方的关注和青睐。不过，这种心理的产生还有赖于一个前提，那就是名字的主人确信对方不是由于一些外因才记住了自己的名字。以上案例再次证明，我们内心很享受别人奉承和讨好自己的感觉，当然，这种享受是有代价的。

5

视觉和图像对人的影响

视觉是人类捕捉信息时最常使用的感官。科技和网络在近期的发展清楚地说明我们看到和处理的信息量都在迅速膨胀，扫视一下身边数以百万计的路人，情况就一清二楚了：他们的眼睛几乎无时无刻不在盯着手里的智能手机。实际上，我们所看到的，不论是人们展示给我们的图像，还是我们从早到晚在阅读的文字，都已经达到了如此饱和的程度，以至于有些人会说“过多的信息已让我们对信息变得麻木”。心理学研究表明，尽管信息的密集度已经如此之高，但人们依旧可以通过调整信息的呈现方式或对信息进行重复，使得映入我们眼帘的事物对我们产生影响。还有研究者发现，那些我们原本以为对自己毫无影响的事物却真真切切地在左右着我们的行为。最后值得一提的是，即使大量信息都因为数字化进程而不再以物质形态存在，周遭环境里的一些具有千年历史的事物却仍然在影响着我们。比如，现代社会里的自然景观依旧能给看到它的人带去积极的影响。

50 为什么你看一张陌生人的照片超过十遍以后，便会对照片上的人产生好感？

我们整天经受着大量信息的轰炸，尤其是商业信息。而传输这些信息的主要载体便是广告。海报、电视、电台、传单、宣传册等，铺天盖地。不过，海量的信息难道不会影响消费者对信息的处理质量吗？商家就不担心过分的宣传会适得其反吗？

你以为过量的信息会让人变得麻木？要知道，仅仅是多看几次相同的信息就能使人改变自己对它的印象，这种被称作“单纯曝光”的效应在 50 年前就被一位美国研究者证实了。直到今天，该效应依旧没有过时。

扎伊翁茨曾进行了一系列实验，这些实验不仅操作简易，而且能很好地说明“单纯曝光”给人们的好感度带来的影响。研究者在不同实验中分别向一群受试者展示了若干组字母、单词或陌生人的照片，每个元素都被展示了 1 次、2 次、5 次、10 次和 25 次。当然，研究者会根据每位受试者调整一组展示物中每个元素的出现次数。下一步，受试者则要根据一个参考等级对看到的每个元素进行评价。同时，他们也被要求对一些一次都未被展示过的元素按照同样的标准进行评价。接下来，研究者便根据展示频率计算出了好感度的平均值。以下是受试者们对陌生人脸照片的评价结果：

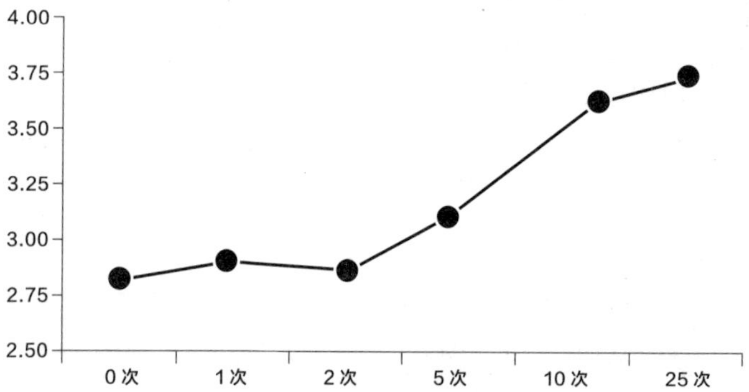

受试者根据评价对象的出现次数
表达出的好感度

很明显，频繁曝光能促使好感度的增加。也就是说，我们看到一张陌生人脸的次数越多，我们就会越喜欢这个人。

有研究人员观察到，应用“单纯曝光”的原理，个人的食品消费行为能够立即受到影响。哈里斯、巴奇和布劳内尔三人曾让一些儿童观看了一段长度为 14 分钟的动画片，片中插播了两条广告，广告推销的可能是零食类产品或营养价值很低的早餐食品，也可能是与食品无关的产品。在观看动画片的同时，孩子们会在手边发现一碗小饼干，这都是研究人员在实验之前预先布置好的。接下来，他们便观测了孩子们在观影期间的饼干食用量。

儿童们对饼干的食用量（克数）

	食品广告	其他广告
男孩	30.5	19.0
女孩	25.9	20.6

我们可以很清楚地看到，广告激起了立即食用的欲望。这些研究

人员还通过研究证明，不论孩子是否爱看电视，最后的实验结果都不会发生变化。由此可见，单纯曝光已足以开启食品消费的行为。

结论

曝光频率对好感度的影响也被称为“扎伊翁茨多看效应”。该效应向我们揭示了人们在对某物进行评价时，评价的高低不仅仅与物品的内在属性有关，更取决于我们对它的熟悉程度，也就是说，我们会对自己熟悉的事物产生偏好的情感。该效应也在众多研究中通过其他形式被反复证实，这些都充分说明了多次曝光相同信息的战略意义。

51 让你久等的东西会在你眼里变得更有吸引力吗？

即使你平常不是一个没有耐心的人，恐怕无法迅速到位的事情也会让你很恼火，并且只会带来消极的结果。要想改变这种行为和认识，就需要巧妙地控制等待时的情绪。试想一下，尽管你经历了漫长的等待才得到了自己想要的东西，但在最终达成所愿时却收获了更大的满足感。这就是所谓的“脱衣舞效应”。

应用这一原理，桑德尔和瓦格纳曾探索一则广告在某网站上分别以迅速和逐步显示这两种方式来呈现会带来怎样不同的效果。

一群受试者被安排独自面对电脑屏幕。研究人员在他们不惯用的一只手上设置了电极，以便对其进行生理现象的测定，此处是为了测量皮肤的电阻（人体“激活”状态指数，或称为生理及情绪状态指数）。然后，一副数字图像会根据情况以不同的方式在屏幕上呈现：立即完全显示并停留 20 秒，或者用 18 秒的时间逐渐显示，并在完整显示后多停留 2 秒。图像来自一支香水广告，内容是一对青年男女在以相当诱惑的方式接吻。接下来，屏幕会跳转到美国有线电视新闻网（CNN），受试者们有 3 分钟的时间自由浏览网页。研究人员在其不知情的情况下记录下了他们在网站上的浏览活动。他们的生理激活程度通过电极来测量，而浏览行为则以他们在网站内点开的链接数量来评估。

平均激活程度和浏览行为

	逐渐显示	立即显示
第一个刺激出现后的激活程度（百分比）	28.0	8.0
在浏览 CNN 网站时的激活程度（百分比）	29.0	6.0
受试者打开的链接数量	5.35	2.84

逐渐显示图像的方式不仅提高了生理和情绪上的激活程度，还从行为上促进了浏览的积极度。

结论

在让一个人等待的同时为其提供一则信息，这样的做法可能引起此人在后续做出一些不能完全用信息内容来解释的行为，因为信息的呈现方式也在其中起到了关键性的作用。这从侧面说明，呈现信息的方式和信息本身一样重要。在上述实验中，“脱衣舞效应”之所以能使受试者们在网站上表现得更活跃，很可能是因为逐步加载图像的方式让他们达到了催生这种行为的最佳激活状态。

52 为什么做广告的人要往你的邮箱里塞满小广告？

很显然，若我们把邮箱里的那些广告宣传册、促销信、商业传单都叠加起来，每年恐怕能达到几十公斤。过量的信息会让人麻木，这是众所皆知的道理，因此身边充斥的大量纸质广告不得不让我们怀疑它们的效果。然而实际情况是，尽管这种形式的广告让我们很厌烦，但它们依旧很有前景。原因很简单，那就是它们似乎还挺管用，这不正是广告追求的目标么？

1999 年，波顿和他的同事们邀请两家超市的一些顾客参与了一份关于超市的问卷调查。顾客们首先被问及是否阅览了上周发行的超市宣传册。根据该问题的回答，研究人员就可以把顾客分成两类——接触广告的顾客和不接触广告的顾客。接着，顾客们会被询问是否愿意提供他们刚刚购物的小票。最后，研究人员将一份问卷和一个贴有邮票的信封交给了顾客，以便他们可以在回家之后就促销活动（是否特意选购促销产品、是否使用优惠券）和对价格的意识（“我认为不值得花时间和精力去研究低价产品”）表达自己的态度，并将填好的问卷寄回给研究人员。

宣传册的阅览与否对购买行为的影响

	阅览的顾客	不阅览的顾客
宣传册推荐商品的购买数量	2.02	1.02
宣传册推荐商品的消费金额（美元）	1.89	0.83
宣传册上的优惠券使用数量	1.41	0.49

> 显然，宣传册对销售业绩有是影响的。在回复问卷的顾客中，有三分之一的人表示自己阅览了宣传册，他们共花费 588 美元购买了 627 件宣传册上推荐的商品；至于另外三分之二没有阅览宣传册的顾客，他们对推荐商品的消费额和购买量加起来才与那三分之一的顾客相当。

一项对实验数据的补充分析表明，消费者阅览广告的最主要原因是他们对价格的变化比较敏感。此外，老年人和女性是最常阅览宣传册的人群。

结论

波顿及其同事在其他商场进行的调查再次证实了上述结论。这也说明，尽管我们对各种广告宣传册有诸多指摘，但它们确实能对购买行为造成影响。根据之前介绍过的“单纯曝光”原理，以及这类研究取得的结果，我们可以肯定的是，这些宣传册、传单和促销信还将一如既往地占满我们的邮箱。

53 为什么插播广告的时机最好选在《爱情故事》[①]之后，而不是《闪灵》[②]之后？

当电视上播出一部暴力电影时，人们知道它将赢得重要的市场份额，因此在这期间插播广告的费用会有所攀升。然而我们不禁要问，这种类型的电影里包含了这么多悬疑或残暴的镜头，它们就不会对记忆效果造成不良影响吗？基于这种疑惑，布什曼对数百人进行的一系列研究在广告界可谓是“一石激起千层浪”。

> 布什曼选择了一部暴力电影的片段和一部非暴力电影的片段。观众的评价等级，以及他们在血压、心率等方面的生理测量数据表明，两部电影引起的兴奋程度完全是一样的。电影片段共持续 15 分钟，在播放 5 分钟之后，视频中会插播一则广告。在观影结束时，实验者会询问观众还记得什么，尤其是还能否回忆起广告中的产品名称。

信息的记忆情况得分

	暴力电影	非暴力电影
对产品名称的记忆	1.22	1.50
对广告内容的记忆	6.69	8.61

实验者观测的两个变量在统计结果上出现了差异。此后，人们又

① 《爱情故事》（*Love Story*）是一部 1970 年上映的美国经典爱情电影。

② 《闪灵》（*The Shining*）是一部 1980 年上映的英美合拍的恐怖电影。

仿照上述实验模型，变换不同的影片类型，并加入了信息识别的测试，但最终得到的结论都是一样的——暴力电影会降低观众对广告内容、产品信息和品牌名称的记忆效果。

结论

综上所述，直接决定一则广告能否被人记住的并不是广告性质，而是广告播出前的环境和事件。上述实验证明，影片的性质会影响到观众对信息的记忆效果，这一结论关系到所有广告刊登者的直接利益。此外，我们可以根据该结论推测出，某些播放前提将能优化观众的记忆效果，因此我们非常有必要对适宜播放广告的环境和事件展开进一步研究。

54 为病人止疼的植物

尽管有研究表明，住院病人若能多观赏窗外的树木会对恢复健康有很大的帮助，但我们知道，现实情况中往往不一定有条件创造这样的外部环境。尽管如此，我们依然可以探索在病房里摆放一些花花草草会起到怎样的效果。数项研究表明，这样的做法既对病人有益，又能帮助医院节省开支。

> 帕克和杨曾以一群平均年龄为 36 岁的女性患者为观察对象，这些患者需要住院接受甲状腺切除手术。研究人员在外科挑选了

6 间完全相同的单人病房，这些病房都坐落在同一区域，因此从窗口望向外面时看到的建筑也是相同的。接着，他们又从这些病房中随机抽取了三间，并在这三间房的地板和家具上摆放了绿色植物和鲜花。在为期 6 个月的观察中，研究人员主要观测的两个变量是患者们的住院天数，以及她们在术后服用止痛药的剂量。同时，他们还定时测量了患者们的心率、血压等生理参数。另外，患者们应邀参加了一份问卷调查，问卷上提供的参考等级可以衡量她们主观感受到的疲劳、焦虑、疼痛和慢性疼痛的剧烈程度。最后，患者们还对病房就舒适度、干净度、给人的轻松感等方面进行了评价。

从统计结果来看，病房里有植物的患者的平均住院时间要短于那些病房里没有植物的患者。关于止痛药的服用剂量，观测结果如下：

服用不同剂量止痛药的人数比率（百分比）

止痛药的使用情况	有植物的病房	无植物的病房
第 1 天		
大剂量	26	28
中等用量	74	72
轻微用量	0	0
第 2—3 天		
大剂量	0	3
中等用量	55	68
轻微用量	45	29
第 4—5 天		
大剂量	0	0
中等用量	6	10
轻微用量	94	90

总体而言，除了第一天，以后的几天里病房里有植物的患者服用止痛药的剂量要少于那些病房里没有植物的患者。尽管研究人员在比较患者们的生理参数时没有发现差别，不过他们在分析患者们的痛感评估时发现，病房里有植物的患者感受到疼痛的剧烈程度相对来说要更低。此外，她们表达出的焦虑度和疲劳感也更轻微一些。最后，这些患者对有植物的病房也做出了相对更好的评价。

画者：马拉伊

我们可以看到，在住院病人的房间里摆放植物可以带来积极的效应，尤其有利于帮助他们减少疼痛感和缩短住院时间。在上述研究中，观察对象仅限于女性，不过在帕克和马特森两人进行的更早的一项研究中，他们同时观察了接受阑尾炎手术的男性和女性，最终得到的结果基本相同。此外，研究人员还发现，植物的存在能够降低收缩压和心率，而且这种效果从入院第一天一直持续到了患者出院的那一天。当研究人员从更长远的角度去评估患者们的健康状况时，他们观察到了同样的效果。拉纳斯、佩

> 蒂尔和哈蒂格三人曾以疗养院的某些病人为观察对象，这些病人在不久前因心肺疾病接受过外科手术。研究人员在疗养院内病人出入的不同地点，如公共休息室、餐厅、图书馆等场所摆放了大量盆栽绿色植物。接下来，他们会定期检查这些病人的身体状况，并将测量数据与引入植物之前的数据进行比较。结果表明，病人们的健康水平在观察期间逐步得到了改善。如此看来，即使病人们长期接触植物，也不会因为适应了这样的绿色环境而致使自己最初受到的正面影响渐渐失效，换句话说，植物的存在能持续发挥积极的作用。

结论

综上所述，在病房里摆放花草植物有利于病人的术后恢复。究其根源，一方面是由于植物能对生理方面产生有益影响，另一方面则是因为患者们想尽早摆脱的医疗环境，植物在他们眼里变得温馨舒适起来。当然，花草植物的存在确实会给病房带来卫生问题，甚至可能会造成过敏，但如果是利大于弊的事情，那它就值得我们去尝试。

55 借助视野中的大自然实现精神越狱

在上一篇中我们看到，患者们若能从病房的窗口看到树木或自然景观，便可以改善自己的术后恢复状况。有研究者发现，该效应影响甚广，比如监狱囚犯的健康状况就会受到视野的影响。

摩尔于 1981 年进行了一项实验，他把监狱中的单身牢房分成了两类："内部视野"牢房，即犯人只能从窗口看到监狱内部的景象，和"外部视野"牢房，即犯人能从窗口看到监狱外的景象。然后，研究者根据牢房的不同类型，观测了犯人们提出治疗请求的数量差异。在监狱里，犯人的医疗需求能反映其承受的压力和痛苦，很多特定的健康问题都是这种压力造成的，且很大概率的皮肤病、呼吸问题，以及胃肠功能紊乱都与患者的心理状态有关。

研究者在观察了 2648 名犯人的医疗需求后，做出了这样的总结：住在"外部视野"牢房的犯人，尤其是他们当中能够看到森林附近一家农场的人，提出治疗请求的次数相对更少。据研究者称，自然的景观具有分散注意力的效果，它能避免犯人将思绪都集中在自己所处的环境，缓解他们因被剥夺自由而产生的紧张状态，进而减少那些主要由心理状况欠佳所导致的健康问题。

由此可见，犯人看到的视野能影响其医疗需求的大小。还有研究表明，安排犯人们在绿色环境中进行劳动改造，比如修剪树枝、养护园林等，要比让他们在封闭的环境中劳动，能更有效地减少其重新犯罪的概率。

结论

监狱对服刑者来说是一个充满压力和痛苦的所在，即使牢房外的景致再好，也不会改变这个现实，这一点是毋庸置疑的。然而，为犯人们营造一个他们可以看到的自然环境却可以缓解平日里的消极氛围。也可以减少他们越狱以及重复犯罪的概率，这样一来，就等于为社会安定做出了贡献。

56 与其看着窗外发呆，尼古拉最好专心学习！

我们常常会批评某些孩子，因为他们的心思根本不在作业上，而是关心教室窗外发生的事情。那如果有人告诉你，时而看看窗外的自然景观能帮助孩子重新集中注意力，提高学习效率，你又会做何感想呢？一些研究结果表明，假如大自然就在附近，那么看看窗外会对学习效率产生积极的影响。

卡罗琳·田纳森和伯娜丁·辛普莉于 1995 年开展的一项研究就是以住在大学宿舍的一群学生为实验对象。从他们寝室的窗口望去，可以看到不同的外部环境。有些窗户朝向自然景观，如湖泊、森林、树木繁茂的公园等，有些则朝向建筑区域，如房屋、街道、商店等。实验者邀受试者们进行了一些需要高度集中注意力的测试，例如从某个角度观察一个三维几何物体，然后判断出某二维图形是否对应于该三维物体的某个面。受试者完成了若干组测试后，实验者又将其从窗口看到的景观分成了四类，分别是全自然景观（例如一片树林）、局部自然景观（园林公园）、局部建筑景观（树木＋房屋）、全建筑景观（只有房屋）。

结果表明，窗口越是朝向人工建设的元素，测试的成绩越不理想。视野中的景观越接近自然环境，受试者答题的准确率越高。另外，局部自然景观比局部建筑景观能够更有效地提高受试者的测试成绩。综上可知，一小片绿色便足以改善人们的工作或学习效率。

结论

导致人们分散注意力的，不是朝窗外看的这个举动，而是窗外的景色。据研究者称，当一个人在执行一项强度大且要求严格的任务时，疲劳感累积到一定的程度就会使此人把注意力从聚焦的任务上移开，以便让思维神经获得片刻的休息。大自然景观的强效舒缓力能够让大脑得到高质量的休息，使人更快地恢复精力并重新集中注意力，从而对工作或学习效率产生正面影响。因此，在建造校园时，以下提议值得我们深思：与其毁坏花圃、树木来方便工程车的通行，不如为学生们的利益着想，将这些自然景观保留下来。

6 身材和外貌对人的影响

父母都会教育子女不要以貌取人。遗憾的是，尽管我们从小听着这些叮嘱长大，我们却不得不承认，在日常生活中，一个人的外表，比如样貌、身高、着装等外形特征的确会影响我们对此人的看法，以及与之互动的方式。在谈恋爱之前，双方一般都要经过面对面的交流，这时候外在条件就显得尤为重要了，因为外在条件是我们对彼此的第一印象。当然，外在条件不只在恋爱关系中发挥作用，它还会在人们做生意和交朋友的时候产生影响。最后要补充的是，背景环境也是影响我们的一个重要因素。在一天的不同时段，或者在不同的天气条件下，我们会对一个人的外形做出不一样的评价。总之，不论何种天气、任何地点，外在条件都是开启和调控人与人之间互动行为的参与性因素。

57 为什么说“佛靠金装，人靠衣装”？

谚语有云：“穿袈裟的不都是和尚”。然而，除非有一天，我们不再通过细微或错误的线索来对他人妄贴标签，这句话才能成立。无奈的是，人类总会让无数先入为主的看法来影响自己的行为和判断，下面这项研究就验证了这一点。

> 克莱恩科于 1977 年进行的一项实验如今已成为社会心理学的经典案例。在该实验中，一些年轻女性被安排在机场向路人讨要零钱。根据不同情况，她们的着装方式或干净得体，或邋遢随便。但不论衣着如何，她们在跟路人搭讪时，都会采取完全相同的方式和行为。

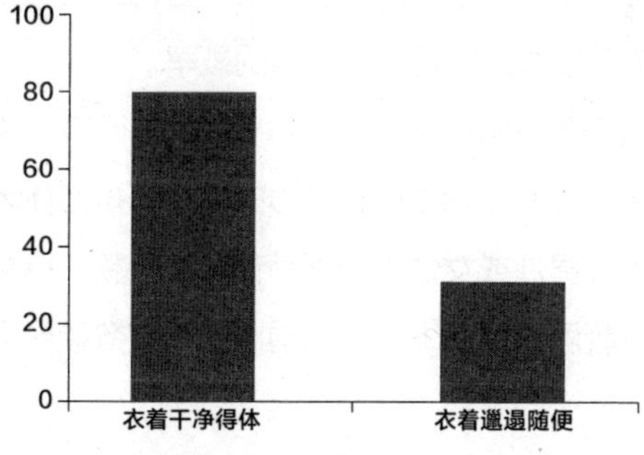

施舍零钱的路人比率（百分比）

> 根据讨要者的着装不同，捐助者的人数比率出现了近 1.5 倍的差异。看来，以穷困潦倒的衣着形象示人会很难得到路人的帮助。

在上述实验中，研究者对比的是一套休闲服装和一套不修边幅的服装带来的效果差异。有研究者已经料想到，提升衣着的精致程度可以增加人们接受请求的概率。

麦克尔罗伊和莫罗两人在 1994 年进行的一项实验中，曾拜托一名年轻女子分别采取有魅力的着装打扮和休闲的着装打扮去邀请街上的男性或女性为一项慈善事业捐款。结果显示，在年轻女子打扮靓丽的情况下，人们捐出的善款数额更高。

结论

一个人的衣着决定了我们如何看待这个人，而且会影响我们与之交涉的方式。一般来说，重要的不仅是服饰，小到每个细节都能产生不可忽视的影响。格林和贾尔斯（1973 年）发现，一名调研者在系领带的情况下能更轻易地说服人们接受问卷调查（系领带时有 70% 的应答者，不系领带时仅有40%的应答者），要知道，该调研者在系与不系领带的情况下，所穿的都是同一套衣服。由此可见，一件装饰物可能成为整体造型的点睛之笔，并使互动对象做出很不一样的行为反应。这就证明了注重外表上的细节对维持客户关系和促成一笔业务的重要性。

58 不管黑猫白猫，到了夜里都是灰猫？①

对外形的判断标准因人而异，这一点无可厚非。但即使是同一个人，他在不同情况下对他人外貌做出的评价也不是一成不变的。

> 奈达和孔曾分别于某一天的21：30、23：00和00：30到一些酒吧里开展一项调查。他们请男性按照一个参考等级对酒吧里的女性进行评价："你觉得今晚的姑娘漂亮吗？请按照1（相当一般）到10（非常漂亮）进行打分。"最后得到的结果如下：

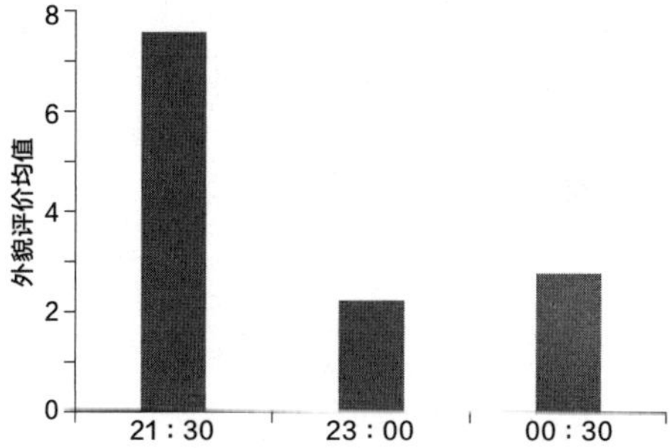

① 标题出自法国谚语"在夜里，所有猫都是灰色的"，指到了黑灯瞎火的晚上，所有东西看起来都一样，比喻一种混沌不明的状况。

如上表所示，随着夜色渐浓，这些男性周围的女性会在他们眼里变得越来越迷人。

而当他们请女性评价身边的男性时，也能得到同样的结果。

此外，这些研究人员还指出，即使让酒吧的顾客通过照片评价一些不在场者的外貌，时段差异造成的影响也依然存在。

或许有人会觉得这是酒精的作用，但下面的研究否定了这一猜想。梅迪和他的同事们曾开展相同的实验，不过他们对有伴侣的人和单身者进行了区分。结果，研究人员仅从单身者那里观察到了“夜色越深，异性越有魅力”的效应。

结论

与其说是酒精的作用，不如说是因为所剩时间和可供选择的对象都在逐渐减少，单身者不得不根据情形调整自己的审美标准。该现象可以用“将就理论”来解释：一个事物会因为数量稀少而变得有吸引力。在上述案例中，随着夜色加深，不仅与异性互动的时间在减少，可能成为伴侣的对象也在减少，于是剩下的异性便越发显现出其价值和魅力。

59 | 短发比长发更好吗?

众所周知，好的发型能够提升气质、展示青春。头发也能反映一个人的健康状况和衰老程度。例如，有研究者发现，妊娠期的女性发质会变差。实际上，连头发的长短都能说明问题，越是乐观积极的女性，越倾向于展示自己的头发，因此也越可能留长发。

据其他研究者称，头发的长短除了发挥美观的作用以外，还要顺应不同阶段的人生目标。因此，女性会根据自己的阶段目标改变头发的长度。比如，一个结了婚并且有孩子的女性，其头发长度往往会比一个还在找对象的女性要短。

为了验证这一点，辛茨、马茨和佩兴斯曾到街上随机选择了数百名年龄在13—73岁之间的女性作为调查对象。他们请这些女性回答了一份问卷，该问卷除了搜集一些年龄、子女数量等方面的人口统计学数据，还询问了调查对象的婚姻关系和情感状况。此外，研究人员还要求她们以同龄女性为标准衡量自己的健康状况。最后，一些经专业理发师培训过的观察员评估了这些女性的发长和发质。

结果表明，头发的长度与年龄呈负相关关系，即女性的年龄越大，她们的头发越短。头发的长度与情感关系同样呈负相关关系，即女性所处的伴侣关系越稳定持久、越让她们在情感上得到满足，她们越倾向于留短发。头发的长度与身体状况呈正相关关系，即女性的身体越健康，她们越趋向于留长发。

与此同时，研究人员还发现，头发的长度与生殖潜力呈正相关关系，即在相同的年龄条件下，生育多个孩子的女性，其头发相对更长。当这些女性被要求从个人角度评价自己的健康时，结果也和之前一样——那些自我感觉身体不错的女性也是所有调查对象中头发最长的人。

结论

由此看来，女性头发的长短可以传达出很多信息。据研究者称，发长和发质还可以预示一个人的衰老速度和健康状况。此外，伯瑞斯科和麦斯可经过调查发现：人们不仅觉得长发女性更有女人味、更有魅力，还认为她们的身体状况更佳。

60 人类更偏爱金毛宠物？

狗狗是人类最忠实的伙伴，我们除了希望它们健康以外，对它们的毛发颜色也有要求吗？

> 为了弄清楚这一点，威尔斯和赫珀曾以北爱尔兰的一群成年人为对象开展了一项实验。他们向受试者们展示了一组宠物犬的照片，这些狗的品种、体型大小均相同，只是毛发颜色不一样。此外，每种毛色的宠物犬都按毛发长短分为三类：长毛、中长毛和短毛。受试者们则需要说出若要从中挑一只来养的话，自己会选择哪一只。与此同时，研究人员根据某动物收容所里的犬类品种，观测了某个阶段内，同类犬中不同毛色的狗被人们领养的比率。
>
> 照片的评估结果显示，比起毛发呈黑色的狗，人们更喜欢毛发呈稻草黄色的狗。另外，长毛犬或中长毛犬比短毛犬更受欢迎。并且较女性而言，男性对毛发长度及颜色的偏好更明显。

关于流浪狗的领养情况，人们的评估结果与其实际行为之间存在着相当显著的一致性。即与黑色或褐色毛发的狗相比，毛发呈黄色、金色，甚至是白色的狗被领养的概率更高。

人的发色与其对宠物犬毛色的偏好

有研究者发现，人们通过观察一些养狗者的脸部照片及一些宠物的头部照片，就可以猜出这只狗相对应的主人是谁。于是我们不禁要问：人们在领养宠物的时候，会不会偏好于选择那些在外表上与自己有相似之处的动物呢？

> 为了解开这个疑问，盖冈等人曾向一群大学生展示了一组混种短毛猫的照片，这些猫的毛色多种多样。照片均已经过修图处理，目的是使猫咪们看起来大小一样，并且消除了背景，以免无关因素干扰人们的选择。研究人员对受试者称这些猫目前都在动物收容所，而该实验需要他们假设自己想要从中选一只带回家养。接下来，受试者则要根据自己的选择，从展示给他们的 10

张照片中指出对应的猫咪照片。

结果表明，与深色毛发的猫相比，毛色偏浅的猫更能受到人们的喜爱。研究人员还发现了评价者的发色与猫的毛色之间的一种联系：头发颜色较浅的人明显更偏爱毛发呈浅黄褐色、稻草黄色或米色的猫咪；橘红色头发的人更喜欢毛发呈橙黄色或主色调为橙黄色的猫咪。不过，这种对应现象仅在女性的评价结果中出现。而男性则一律偏爱浅色毛发的猫，而他们的发色根本没有影响到他们对猫咪毛色的选择。

结论

综上所述，人们在日常生活中的审美喜好会引导他们对宠物的毛色做出相应的选择。这种现象在男性身上最为明显：他们更喜欢长毛且毛色属浅色系的宠物。另外我们发现，女性的发色与她们偏爱的猫咪毛色之间也有联系。看来，人类在选择宠物的时候，会反映出某种在外貌上的自恋心理。

7 非语言范畴的行为对人的影响

“他对我的态度令我十分感动”“这个眼神意味深长”“我从他的目光里找到了答案”“他的微笑令人神魂颠倒”……许多类似的表达似乎都证明，非语言范畴的行为也能在社会关系中传达一定数量的信息，或改变我们对某个人的看法。看来人与人之间真的存在一种非口头表达的语言，有些人甚至认为这种语言比口头表达的语言更常被使用，并且更加富有深意。事实上确实如此，比如我们可以利用言语来撒谎，可我们的肢体行为往往不懂得如何骗人。尽管非语言类行为长久以来都没有受到心理学研究者的重视，但近几十年来，出于对情绪这一课题的探索需要，人们开始对非语言范畴的行为展开系统的研究。如今的社会心理学研究表明，非语言类行为不但影响着我们的社会关系，还改变着我们看待他人的方式。

61 为什么一名女服务员在笑脸相迎的时候能比她板着脸的时候收到更多的小费？

微笑是人类特有的一种行为特征，它比其他任何非语言范畴的行为都要更广泛地参与到我们的日常社交中。懂得明智地使用它的人受益匪浅，而且要注意的是，不同场合的微笑是不同的，我们需要把握好分寸！

> 蒂德和洛卡德的实验在一家相当高端的酒吧进行，该实验测试了好几十名只点了一杯饮料的顾客对微笑的反应。研究人员在该酒吧里挑选了一位年轻的女服务员作为同伙，他们要求该女服务员在向顾客递送饮料的时候要露出微笑，而且她还必须根据不同情况露出或简约或开朗的微笑。饮料送达之后，女服务员便离开去照应其他客人，并不再与刚才的顾客发生任何其他互动。等该顾客离去后，研究人员统计了女服务员收到的小费。
>
> 很显然，冲顾客露出开朗的微笑对女服务员来说更有利。她在这种情况下收到的小费平均额是其露出简约微笑时的 3 倍。

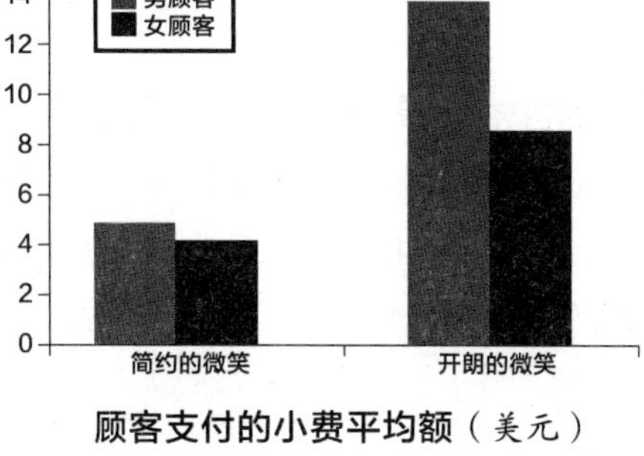

顾客支付的小费平均额（美元）

> 由此看来，开朗的微笑比简约的微笑要更加受欢迎。在另一项实验中，研究者给网络上的陌生用户发送了电子邮件，目的是鼓动他们回答一份内容相当长的问卷。邮件里附上了一张请求者的照片，当照片上的人脸挂着开朗而不是简约的微笑时，网友的回复率更高。

结论

虽然微笑很简单，且在我们的社交关系中颇为寻常，但它确实具有真切的说服力。不过我们也看到了，事情并没有想象中那么容易，光有微笑是不够的，我们还得懂得拿捏分寸。销售人员应该冲顾客微笑，这是众所周知的道理，然而怎么笑、什么时候笑、笑的同时还应做些什么等，这些都是有待研究者思考的问题。

62 为什么当他人直视你的眼睛时，你会更愿意接受对方的请求？

“他在逃避我的目光”“我从他的眼神里看出来了”“他眼巴巴地恳求我”“她的眼神充满轻蔑”“他贼眉鼠眼的”…… 与触摸和微笑一样，眼神能够演绎和表达各种各样的感情，于是我们推测眼神也能影响他人行为。果然，行为科学领域的研究再次表明，该因素确实能够对判断和行为产生一定的影响。

克莱恩科是第一个通过实验形式探索目光接触是否对助人行为有影响的研究者。在第一项实验中，一名作为研究者同伙的年轻女子在公用电话亭里专设的小桌板上搁了一些零钱，接着便转身离去。等到某人进到该电话亭里，然后拿着这些零钱走出来的时候，同伙女子便迎上去和这个人打交道，说自己几分钟前把一些钱忘在了电话亭里，并询问对方有没有看到这些钱。在提出该疑问时，同伙会直直地盯着面前的这个人，或故意移开自己的目光。在第二项实验中，同伙的一名年轻女子会按照指示到街上去跟路人搭讪，目的是请求他们施舍给自己一些零钱。根据不同情况，同伙在说出请求的时候会不断直视对方的双眼，或低头看向别处。在这两种求助模式下，愿意伸出援手的路人比率如下图所示：

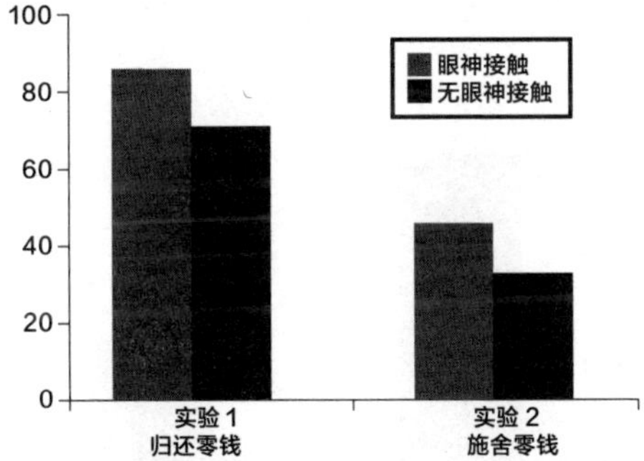

提供帮助的路人比率（百分比）

总体来说，眼神接触有助于提高他人接受请求的概率。现在我们知道，注视一个人的眼睛可以更有效地促使他付诸行动。例如，布尔和吉布森—罗宾逊曾证实，若某人道主义组织的筹款者在提出请求时直视对方，那么他收到的平均捐款金额会多于其看向捐款箱时收到的金额。

上述研究将受试对象被注视的情况与其不被或很少被直视的情况进行了比较，以便总结出眼神接触的效应。然而，现实生活中的社交场景并不都是这样的，在互动持续时间更长的情况下，我们很难避免与对方发生眼神接触。于是一些研究人员又展开了其他形式的实验，以便了解人们的助人行为到底是不是得益于一种坦率直接的持续性眼神接触。

在林兹科尔德、福特、哈克和施密特等人的实验中，一些同伙佩戴着某残障人士协会的徽章，到街上设立了一个捐款箱，以动员路人献爱心。在向个人提出捐款请求的情况下，募捐者会在说话时与对方建立起一种直接的目光交流；在向众人发出号召的情况下，募捐者则一边扫视人群，一边冲四面八方喊出捐款的倡议。该实验测试了 3000 多人的反应，最后得到的结果完全超出了我们的预料。

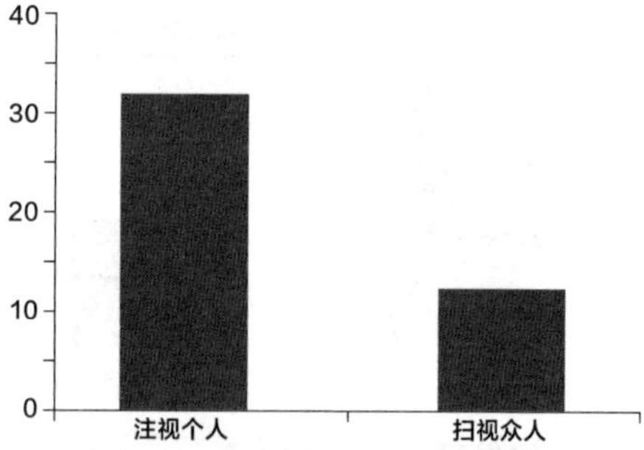

根据目光类型统计出的捐款者比率
（百分比）

实验结果表明，持续性的眼神接触具有不容置疑的积极效果。不过在该实验中，短暂性的目光接触并不是在向个人求助的情况下发生的。要知道，在一对一的互动模式下，我们很难做到不看对方。于是我们不禁要问，在向个人求助时，持续性的目光交流果真是让对方施以援手的必要条件，还是说瞬时性的目光接触就已足够？

为了解开这个疑问，盖冈和雅各布在另一种类型的求助模式下，探索了眼神接触的影响力。一名同伙按照指示对路人称自己是学生，并解释自己因专业课布置的一项作业，需要请对方回答一份问卷。根据不同情况，该同伙在提出请求时，或直视对方的眼睛，或逃避对方的目光，即双方的目光一旦发生交汇，该同伙便立即看向别处。结果表明，在同伙直视对方双眼的情况下，66% 的被求助者接受了问卷调查。而在同伙逃避对方目光的情况下，该比率降到了 34%。可见，鼓励人们采取助人行为的，确实是一种持续性的目光交流。

结论

毫无疑问，注视他人的行为以及目光传达的情感，都能够促使对方接受我们的请求。这项看似寻常的行为竟有着如此不同寻常的影响力，看来我们确实有必要好好练习自己的眼神了。

63 为什么直视他人的眼睛会给对方留下好印象？

同微笑一样，目光似乎能改变我们对对方的印象。研究表明，我们更欣赏与我们发生目光接触的人，尤其是那些凝视我们双眼的人。

埃尔斯沃思和卡尔斯密斯曾安排一名采访员对受访者展开一段 10—15 分钟的个人访谈。二者面对面坐着，相隔大约 1.2 米的距离。访谈以一项笼统的调查为主题：孩子的出生顺序对其个性发展的影响，尤其是作为最长或最幼的子女会对孩子的成长造成怎样的影响。采访者在每次访谈过程中所说的内容都完全一样，不同的是，他会根据情况频繁直视受访者的眼睛或只是偶尔看一下。当访谈结束的时候，实验者会将一份问卷交给受访者，然后请他回到家以后再进行回复，并且把填好的问卷投入一个指定的信箱里。该问卷其实是要受访者根据参考等级对访谈和采访者做出评价。

对采访者和访谈的评价均值（数值越大，评价越积极）

	采访者	访谈
频繁直视	6.05	5.80
偶尔看一次	4.80	5.04

我们将两种情况对比后发现，在目光接触更频繁的情况下，受试者给出的评价更高。而且采访者和访谈的评价值之间还出现了相当明显的正相关关系。由此可见，促使受试者对二者都做出更高评价的原因，确实是眼神上的交流。

另外我们发现，即使是在受试者不与采访者发生互动的情况下，采访者注视他人的行为也能让受试者对其产生更好的印象。

布鲁克斯、丘奇和弗雷泽曾邀请一批人观看一段录像，录像中的某人在接受另一个人的采访，该录像是以静音模式播放的。实验者对观看者称，这么做的目的是要了解他在只观察他人

> 行为的情况下，会对对方产生怎样的看法。录像的长度为 1 分钟，而且拍摄角度可以让观众清楚地看到受访者的目光落在何处。根据其组别的不同，观看者在 60 秒的谈话中，会分别看到受访者直视采访者 5 秒、30 秒或 50 秒；在其余的时间里，受访者的目光则看向别处。接下来，实验者便请观看者根据若干组形容词如善于交际 / 不善社交，自私 / 慷慨等词汇组成的参考等级来评价受访者。结果表明，受访者直视采访者的时长与其收到的评价呈线性关系，即受访者直视采访者的时间越长，观众越觉得他善于交际、慷慨大方、为人理性、诚实且值得信任。而在受访者只看了采访者 5 秒钟的情况下，他得到的评价最消极。

这些仅靠观察得出的结果已在多项研究中得到验证。德罗尼和布鲁克斯曾利用相同的方法证明，当一个人长时间地直视其对话者时，此人会给人一种自我感觉更良好、自控能力更强的印象。

结论

直视他人能够带给对方一种更好的印象。现在我们便能理解为什么我们会说有些人具有“坦诚的目光”，而有些人则有着“逃避的目光”。社交互动使我们为某些非语言范畴的行为也赋予了含义，这会直接影响我们对他人的看法，进而改变我们对他人的态度。由此可见，普普通通的一个眼神远比我们想象中的要意味深长得多。

64 我们该用怎样的眼光去看别人？

当我们进一步去审视目光的含义时，我们会发现，它与情感有着不容置疑的联系。

> 鲁宾曾在一项研究中很好地证明了这一点。他请来一些最近才开始交往的情侣来评价自己对对方的情感浓烈程度。在填写问卷时，情侣们并不知道有人在透过摄像头观察他们的行为。观察员们据此观测和评估了情侣间对视的次数、持续时间和激情指数。结果显示，情侣们在测试情感浓度的问卷中得分越高，相对应的他们互相对视的次数越频繁、持续时间越长、激情指数越高。与此同时，那些在问卷中得分较低的情侣表现出的这种目光交流也相对越少。其他视觉行为同样证实了这些结果，例如，较问卷得分低的那些情侣而言，得分高的情侣们在有第三者进到他们的房间时，彼此中断对视的时间更短。

一切皆从一个眼神开始

据许多行为科学的研究者称，彼此陌生的两人往往需要一定的理由才会进行语言交流。我们要通过一个特别的暗号来识别对方是否有意与我们展开对话，而眼神就可以起到传递这类信息的作用。不用言明，对方投来的一个眼神便是其是否想要交谈的信号。

> 为了验证这一点，卡里曾于1978年进行了一项实验。他让一名男子进入一间休息室，而休息室里已经坐着一名女子了。实验者告诉该男子，他可以与女子对话，但前提是不能离开自己的座位。休息室里的两把椅子之间摆放着一些杂志，实验者通过设

置在侧边的一个小型摄像头，可以清楚地观察到两人在休息室中的行为。观测的主要内容是他们有没有展开语言交流，如果有，实验者便记录下他们对话的持续时间。最后得到的结果如下：

根据两人的初始行为统计出的接触结果（百分比）

	交谈情况		
	无对话（0秒）	短暂对话（小于1分钟）	较长对话（大于3分钟）
初始行为			
起初无对视	61.5	30.7	7.8
起初有对视	31.4	34.3	34.3

正如我们所看到的，起初的目光交流对接下来发生互动产生了不容忽视的影响。于是我们不禁要问，这是为什么呢？

一些研究者认为，该效应的产生可能是由于我们先被他人的眼神所吸引，继而激活了自身对对方的正面评价。实验证明他们的观点是正确的，尤其是当这种评价发生在异性之间时。

眼神接触不只是在面对面的互动情境中发挥效应，即使是仅仅通过一张照片，我们也能观察到相同的效果。你肯定看过这样一类广告图片：画面上的模特仿佛在直直地盯着你的眼睛。研究者想要了解照片模特的眼睛朝向会在何种程度上影响阅览者的评估。为此，梅森、塔特寇和麦克雷曾在2005年进行了一项实验，他们向一群大学生展示了一组从杂志上选出来的女性面孔。这些研究者通过一个数码照片编辑软件处理了这些女性的眼睛朝向，她们的视线或直视阅览者的眼睛，或看向别处。阅览者需要根据一个从1—5的参考等级说出自己有多么青睐照片上的模特。统计结果如下列图表所示：

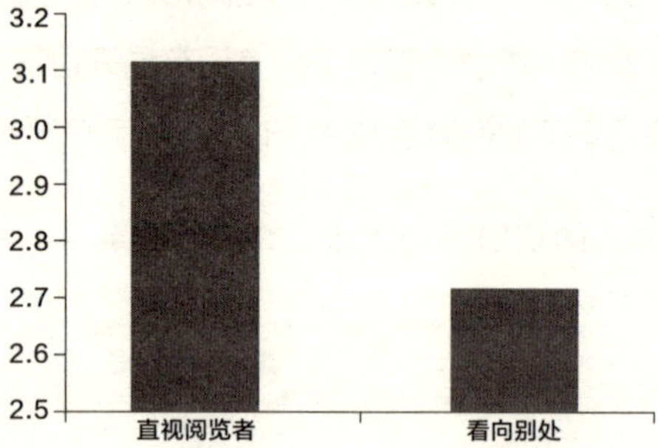

正如我们所看到的，我们更欣赏与我们对视的人。盖冈及其同事在最近开展的一项研究中，在另一种背景下复制了上述实验。一群男性网络用户按照要求阅览了一些女性发布在网上的征友启事，每个启事中都附上了相关女性的照片。根据不同情况，这些女性的视线或直视阅览者的眼睛，或看向别处。当然就每位女性而言，其征友启事的内容不会出现任何变化，而两种情况下所使用的照片也都是一样的。研究人员要求阅览者根据一个从1—9的参考等级评估自己对征友启事做出回应的可能性。结果表明，当照片上的女性直视阅览者的眼睛时，男性做出回应的可能性均值为7.21；当这些女性的眼睛看向别处时，该数值则降到了6.42。

结论

综上所述，与男性对视的女性会在男性眼中变得更有吸引力，即使这种对视不是发生在面对面的场景下，且眼神接触不带有任何暧昧和挑逗，该结论也依然成立。据研究者称，这种现象主要还是由于男性会更果断地回应女性在现实或想象中发出的追求信号。要知道，女性更多的是在寻找伴侣，而男性却在探求每一次可能成功的机会。当然他们也会因为遇到合适的人而把对方作为伴侣，但这并不是他们起初最关切的目标。所以说，女性在投入恋情之前，往往需要掌握对象的更多信息才能做出决定，这会花费更多的时间，同时也解释了为什么她们在面对男性的追求信号时，通常会表现得更加迟疑。而男性就不同了，他们总是随时准备抓住眼前出现的任何机会，这也时常导致他们对女性的眼神会错意。

65 眼神具有鼓励作用吗？

眼神能够引发男人和女人之间的互动，从这个角度而言，我们可以将它视作一种非语言范畴的“诱惑”行为。然而，该行为不可避免地与其他行为混杂在一起，这使得我们很难撇开其他因素来单独探索该行为自身的影响力。不过有研究表明，我们单单凭借眼神就可以鼓励对方做出我们所期望的行为，而且较男性注视女性的情况而言，女性向男性投去的眼神更具杀伤力。

当一个在路边拦截顺风车的人直视你的眼睛时，你或许会觉得不自在，尤其是在你根本不打算停车载对方的情况下。于是你多半会通过换位思考而得出这样一个推论：如果换了你是想要搭便车的人，你会避免直视驾车司机的眼睛，因为对方同样可能因为感到不自在而不想停车。别这么早就下定论，因为实验研究表明，真实情况并非如你所想的那样。

> 摩根、洛卡德、法恩布鲁赫和史密斯曾在 1975 年进行了一项实验，他们拜托一名年轻男子和一名年轻女子分别到路边去拦

截顺风车。面对迎面而来的车辆，他们会根据情况直视或不直视驾驶者的眼睛。最后统计到的停车率如下：

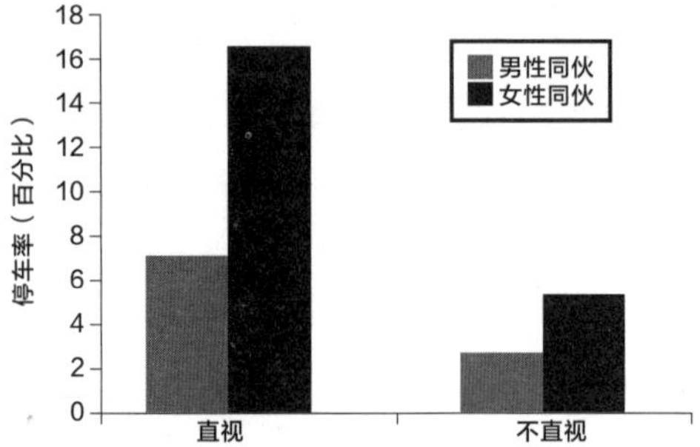

眼神接触看来确实能有效地鼓励一名驾车者停下车，但相比之下，女性直视驾车司机与否所造成的停车比率差异比男性要更加明显。斯奈德、基帖和凯勒也在他们的实验中观察到了类似的结果。在该实验中，研究人员要求拦截顺风车的同伙注视驾车者的眼睛直到汽车驶离他们的身旁为止。结果再次证明，女性搭便车时能更有效地利用眼神接触来促使驾车者停车搭载她们。

搭顺风车的场景虽与追求异性不同，却也不失为结识他人的好机会。为了研究眼神接触对引起对方注意所起到的作用，盖冈及其同事展开了两项研究，这些研究单独测试了该因素对男性产生的影响。

第一项实验很简单，一名年轻女子按照指示与她的一位女性朋友走进一间酒吧，并找空位子坐下。在第一种情形下，同伙女子要在经过吧台时，与其碰到的第一位年龄相仿的男子发生长达一秒钟的目光接触。在另一种情形下，该女子在走路时则要目视前方或地面。然后，年轻女子会故意挑朝向吧台的位置坐下，并开始与她的女性朋友聊天，而且她不会再将目光投向吧台。接下来，不远处的两名观察员便开始观测那位被注视的男子向年轻女子投去目光的次数。除此之外，酒吧里其他看见上述两名年轻女子走进来的男子也被纳入了观察范围。这项观察持续了整整 10 分钟，从年轻女子坐下的那一刻起开始计时。最后的结果如下：

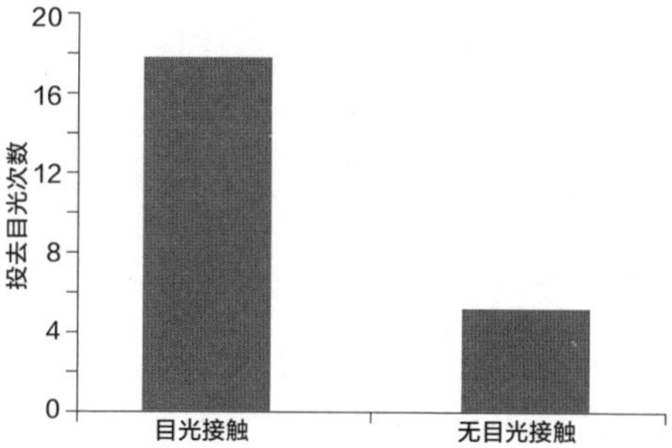

很显然，初始的眼神接触会使男性在接下来的时间里对女性投入更多关注。据推测，男性可能将最初的这种对视理解成女性对他的兴趣或渴望互动的信号，所以他才会想要在接下来的时间里寻求更多的线索来验证自己的猜想。为此，男性不得不更加关注与其对视的女子，以便获得这些信号。

对视时间够久才能发挥效应

盖冈及其同事的第二项实验在一家外设桌椅的酒吧门口进行，他们拜托一名年轻女子穿过这些桌椅，并故意朝与其年龄相仿的一名男子所在的桌位走过去。在靠近该男子的过程中，同伙女子会留心注意他是否在看自己。一旦发现男子投来目光，该女子会根据情况以三种不同的方式做出回应：一、短促地瞥一眼该年轻男子，随后立刻看向远方并保持这种目光；二、与其对视 2 秒，然后看向别处；三、对视 4 秒后看向别处。与此同时，一名被安插在附近的观察员会评估该年轻男子表现出的任何非语言行为。据观察，凝视和微笑是最常出现的行为。男性露出微笑的概率如下表所示：

根据对视持续时间统计出的男性对同伙女子露出微笑的概率

（百分比）

小于 1 秒	2 秒	4 秒
1.5	12.0	28.5

我们可以看到，视觉互动的长短决定了男性是否会做出微笑这一举动。换句话说，对视持续时间似乎要达到某个阈值才能发挥效果，即触发男性在男女初次建立联系时所做出的最本能行为。难怪有研究指出，尽管男性不像女性那样爱笑，但他们在试图与某位女性搭讪时，总会在开口说话之前先向对方微笑。

结论

由上述种种实验可见，微笑的确具有引发语言互动的功能。

66 为什么服务员要将身体略微倾向顾客？

尽管身体的姿态很少被拿来研究，但它的确具有自己的影响力，因为一个员工在将身体倾向客户的时候，不仅减少了他们之间的距离感，还培养了一种亲切感和熟悉感。客户会因此对该服务员产生更好的印象，而员工自然也能从中获益匪浅。

戴维斯及其同事在美国数家餐厅里开展了一项大型研究，该实验涉及了至少 28 位服务员，分析了近一万名顾客的行为。当顾客点菜时，服务员要按照指示，在特定的时刻站直或将身体略微倾向顾客。其余时刻，他们则照常行事。

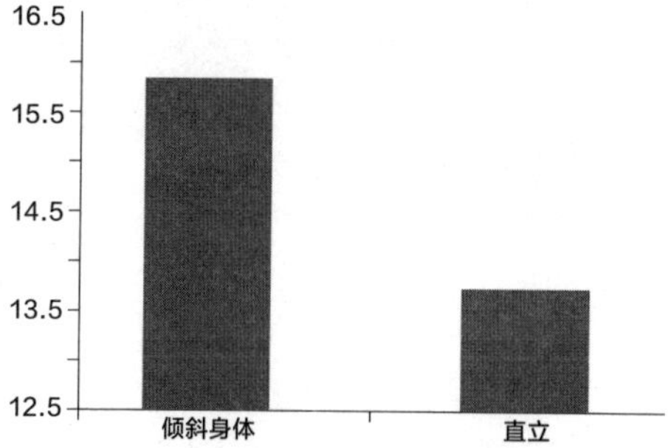

顾客所付小费的费率平均值
（小费占餐费金额的百分比）

虽然两个平均值之间的差距看起来不大，但一名服务员的小费收入却可以增长近 15%。这笔数目绝对不容小觑，要知道在美国，小费占服务员收入的 70% 以上。

结论

看来，身体倾向顾客的姿态确实能为服务员带来许多好处。这种姿态可以提升顾客对服务员的印象，从而鼓励他们支付更高的小费来回馈对方的服务。

其实在更早的一项研究中，林恩和米尼耶就已经观察到了同样的结果，只是他们当时测试的顾客数量没有上述实验那么多。在实验之前，参与其中的一名女服务员本来断定倾斜姿态不会带来任何效应，但在这两名研究人员事后提供的统计数据面前，她也不得不承认这个事实——她收到的小费平均额从2.56美元增加到了3.28美元。不费吹灰之力就可以获得的积极效果，何乐而不为呢？

8

自我影响：当我们被物体、环境和我们自己操控时

我们总以为，我们的决定和选择是个人理性分析的结果。因为选择买什么产品的人是我们自己，决定停车让行人先过马路的人是我们自己，同意在街上接受问卷调查的人还是我们自己。没错，这一切都是事实，可我们不知道的是，在做出这些决定之前，可能就已经受到了周围诸多因素的影响。有时候，出现在周遭或某人手里的一样东西就能影响到我们。还有些时候，某人仅仅在场便足以影响这样或那样的决定。更不可思议的是，就连我们自己都可能是那个影响我们的人。例如，当我们发现某件产品或某个人具备和我们相似的特征时，我们就会觉得这个人或事物更亲切，并因此对其产生一种先入为主的好感。总而言之，无论在什么时刻和什么地点，围绕着我们或属于我们自身的事物都会参与到我们所做的决定中来，别再天真地以为这些决定完全由我们掌控，并且不受外界影响。

67 为什么向他人展示自己的正面形象是要付出代价的？

人们总希望在别人面前呈现出自己最好的一面，以获得他人对我们的好感。在社交互动中，给对方留下极尽完美的印象是多数人非常关切的事。为此，一个人可能会以美化自己的形象为目的而做出某些行为。

林德和班杰明曾于 1994 年开展了一项实验，他们在某家商场的用餐区随机抽取了一些年轻男子（20—30 岁），这些男子中有的人在单独用餐，有的则有一名年龄相仿的女子陪在身边。这时候，一名同伙会走过去与一名男子攀谈，假如该男子有女性陪同的话，同伙也只冲男子讲话。同伙向对方称自己在卖抽奖券，中奖者将可以获得价值 1000 美元的巴哈马双人之旅。然后再进一步解释说明，抽奖券的销售所得将全部捐给一个知名的人道主义协会，说到这儿，同伙会明确报出该协会的名称。在此，研究人员只将购买了抽奖券的受试者作为评估对象，因为他们的观测项目是人均购买张数。

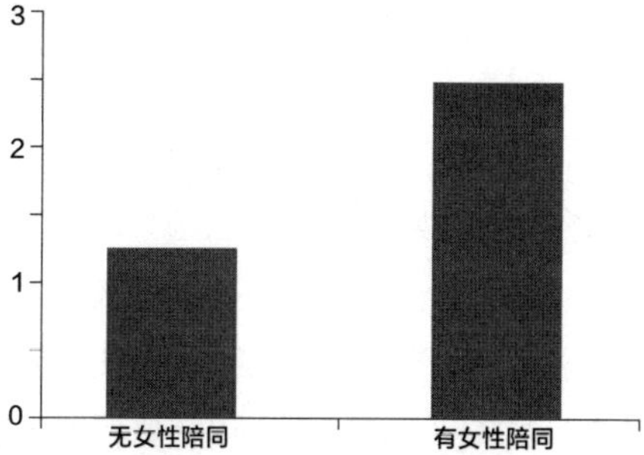

抽奖券的人均购买张数

当男性身边有女性陪同时，抽奖券的销售量几乎翻了一番。然而在许多情况下，陪同男子的女性并不一定是他的女友。

结论

社交环境对销售业绩有着不可忽视的影响。在该案例中，有女性陪同的男子并不是为了增加中奖概率才购买更多的抽奖券，他们是在不自觉的情况下，自然而然地想要在卖票者和陪同他的女性面前，抬高自己的个人价值。很显然，向他人展示自己的正面形象需要付出更大的成本，只是我们好像还没有意识到这一点。

68 为什么一个复述顾客订单明细的服务员会收到更高的小费？

“我说的每句话，他都要重复一遍，这人烦不烦呀！”这话可别说得太早，因为你将会看到，我们迷恋自己的一言一行到如此地步，以至于我们会很享受别人模仿我们。这种现象很可能会成为我们给自己挖的陷阱，这就是所谓的“变色龙效应”。该效应指出，消费者可能因为被模仿而改变自己的购买行为，而模仿你的商家或推销员可以使你更多地购买某件产品，并对店员、产品以及商店做出更好的评价。

在坦纳、费拉罗、查特朗、贝特曼和范·巴伦等人进行的实验中，一群大学生应邀来参加新产品的调研和评估，此处涉及的是一款具有提神效果的汽水。受试者单独走进一个房间，并已事先被告知，在试喝汽水之前，一名调研人员会过来问他几个与饮料有关的问题。扮演调研人员的同伙会按照排练好的内容，对受试者展开专业的采访。他会首先询问对方平时喜欢喝哪些汽水，然后再开始夸赞功能饮料的好处。在这期间，调研人员会在受试者做出某些举动后，隔 1—2 秒就做出同样的动作；或者，他会重复受试者的某些口头表达，例如“我平时喝可乐和雪碧”，“好的，你平时喝可乐和雪碧”。对照情况下，同伙口头表述的内容与之前完全相同，只是他不会模仿受试者的任何动作或语言。接下来，待调研人员离开后，受试者便独自在房间里品尝新饮料，并就味道、购买意向、市场前景等方面对其做出评价。事后，研究人员还测量了受试者的饮用量，因为调研人员给了他们足量的试喝饮料，且告诉他们说，为了评估的需要，他们可以想喝多少就喝多少。

	模仿	不模仿
味道	7.8	6.2
购买意向	6.5	3.8
市场前景	6.8	5.8
饮用量（克数）	111	70

可以看出，在调研人员模仿受试者的情况下，他们对产品产生了更好的印象。此外，被模仿的受试者试喝了更多新饮料。

这项研究脱离了日常的消费背景，虽然受试者们给出了他们对某一产品的看法，但这里观测的并不是他们的实际购买行为。不过，即使是在真实的销售背景下，模仿也能影响我们对产品的选择，以及我们对售货员和商店的评价。

雅各布、盖冈、马丁和布莱布里曾在一家商场的 MP3 和视频播放器专柜开展了一项实验。按照指示，售货员要在顾客过来向其征求建议的时候，模仿他们的非语言行为，例如挠脸颊、用手捋头发等，和语言行为，即重复顾客说过的话。在对照情况下，售货员一律不模仿顾客的语言或非语言行为。当这些顾客离开商场的时候，研究人员请他们回答了一份简短的问卷，那就是顾客需要从职业能力、亲切友好度、倾听能力等方面对售货员进行评估。此外，顾客还对商场做出整体评价。就购买行为而言，研究人员观测的不仅有实施购买的顾客比率，还有购买推荐型号的顾客比率。实际上，售货员们曾被要求向前来咨询的顾客，一律推销某一特定型号的产品，因此研究人员统计了听从建议购买指定型号的顾客比率。

	模仿	不模仿
购买率	81.5%	63.4%
购买推荐型号的顾客比率	67.1%	45.6%

从上述两个行为变量的观测结果来看，模仿确实带来了正面效应。售货员得到的评估也证实了这一点：消费者觉得模仿者更有能力、更亲切友善、更懂得倾听顾客的要求。此外，统计分析表明，顾客对售货员的能力评价高低是决定他们是否购买推荐型号的中介变量，而售货员的亲切友好和善于倾听则对整体购买行为产生了同等的积极影响。更令人吃惊的是，被模仿的顾客竟对商场也留下了更好的印象。

模仿他人也能使自己从中获益

既然模仿他人能够使他人对我们产生好感，那么一名员工就可以在某些情况下，利用这种技巧给自己带来好处。

范·巴伦、奥朗德、斯汀内尔特和范·尼蓬伯格等人的实验是在荷兰的一家餐厅进行的。他们的观察对象是那些三三两两地来到餐厅用晚餐的顾客，这项研究分析了数百名顾客的行为，两名女服务员作为研究者的同伙参与了该实验。在展开模仿的情况下，服务员会在顾客点菜时，复述其所报的每一个菜名；在对照情况下，服务员只会示意顾客说自己已将所点菜肴全部记录完毕。另外，无论是在哪一种情况下，顾客都能看到服务员记录的订单内容，所以他们可以直接验证菜名是否已经记全。在荷兰，给小费并非是人人都必须遵守的习俗，因为餐厅人员的服务费已经包括在餐费中。最后，研究人员统计了支付小费的顾客人数，以及单笔小费的平均数额。

	模仿	对照情况
支付小费的顾客比率（百分比）	78	52
单笔小费的平均数额（荷兰盾）	3.18	1.36

在女服务员模仿顾客的情况下，不仅会有更多顾客支付小费给她，而且每笔小费的金额会更高。

结论

轻而易举就可以制造出的“变色龙效应”看来能在商业领域发挥卓越效果，因为很显然，我们对模仿我们的人更有好感。

69 为什么在看到某家餐厅座无虚席的照片后，你也会想去那家吃晚餐？

你可以做这样一个实验，找上三四个朋友，到一个行人如织的地方，然后大家一起朝天空看向同一个方向，可以肯定的是，路过的人中十有八九也会望向天空。假如仰望天空的只有你一人的话，那么在十个路人当中，最多只有一两个人会效仿你。这就是所谓的“从众效应”。

人类是群居动物，其社会关系的复杂程度无疑说明了它能达到的进化水平。观察他人的行为可以帮助我们读懂周围的世界，解释一些现象或形成自己的判断。不过有时候，我们的判断是没有依据的，因为我们会在信息不足的情况下解读他人的行为。数项研究表明，这种误判往往与过分看重社交信息有关。

榜样的力量

当我们处在一种即将要采取行动或做出决定的状态时，那么在我们之前完成某种行为的任何一个人都可以被称为“榜样”。于是我们不禁要问，“榜样”会对我们产生什么样的影响呢？

哈里斯等人曾故意将一叠软盘[①]掉在地上，这时候，一名扮演路人的同伙会根据情况，帮忙把掉落的软盘拾起来或径直往前走。结果显示，在同伙提供帮助的情况下，有 50% 的路人会过来协助他们；而在同伙径直往前走的情况下，助人者的比率则降到了 23%。该结果并不是孤立的，比如我们看见某人在一份请愿书上签了名，那么我们会更愿意参与签名；在面包店里，若前一个结账的人捐款了，那么排在后面的人会更

① 软盘是个人计算机中最早使用的可移动存储介质。

积极地参与捐款。从另一角度看，我们受他人影响而做出的行为不一定都是值得称赞的，比如，如果有人在我们面前违反了道路交通安全法规，那么我们违章的概率也会升高，这样的从众行为是不可取的。

商业环境中的“榜样”

我们可以考虑在商业环境下，运用“榜样”的影响力来影响潜在顾客的行为。如前面介绍过的几项实验一样，我们可以求助一些同伙，让他们按照我们的要求去做出一些行为。除此之外，创造“从众效应”的方式还有很多种，其用途也很广，为商业场所增添人气不失为一个妙招。

在谢清标及其同事于2002年展开的一项研究中，他们向一群人展示了数家餐馆的照片，照片上的餐馆有的座无虚席，有的人丁稀少。阅览者要据此评估每家餐馆的菜品质量、选择空间、群众口碑及价格水平。

分析表明，食客数量与评估结果之间有着紧密的联系，餐馆里的人看起来越多，人们对它的评价越高。另外，人气旺的餐馆也会让人觉得其菜品质量高、群众口碑好、价格亲民实惠。

结论

尽管从客观上来讲，某个体利用社交功能做出的判断并不足以指引我们做出判断，但个体对理性的需要会促使他去寻求一种在他看来合理的解释。明白了这一点，我们就不难理解上述研究所得出的结论了。假如一家餐馆的顾客络绎不绝，那肯定是因为这家的菜做得好、名气特别响亮等原因。有了这样的推论，个体就可能做出一些在其获取该社交信息之前本不会做出的行为。

比如，一些夜总会会雇用一批人在晚间的某些时刻到其门口排队，这样做的结果就是成功地吸引了更多的客人。因为路过夜总会的人一旦看到门口的“人造”长队，就会推断这家夜店的质量相对来说更好，于是便决定排队进场。这样的操作持续一段时间后，队伍里真实客人的数量就会逐渐增多，而这些客人在排队的同时又会吸引其他新客人，以此类推。

当然，这种策略实施起来比较费劲，且花费巨大。但只需发挥一下想象力，我们就会发现，“从众效应”还可以通过多种方式在商业上加以利用。比如，某些酒店或餐馆非常看重的留言簿其实就是对该效应的一种运用。另外，媒体常常会让一些“顾客”在广告中讲述自己对产品的亲身体验或使用感受，他们的目的同样是为了造成这种“从众效应”。

70 为什么你会欣赏一个和你有共同之处的陌生人？

根据“单纯曝光”的原理，假设现在有两张你自己的脸部照片，一张呈现的是你在镜子里看到的自己，另一张呈现的是你的朋友在正对着你时看到的形象，那么你会更喜欢前者，而你的朋友则更偏爱后者。

在字母表的所有字母中，你最喜欢的是那些组成你姓名的字母。

如果你偶然接触到的一位老师在时隔数周后仍能正确喊出你的名字，那么在接下来该老师向你求助的时候，比起他记错你名字的情况而言，你会更乐意帮助他。

你放心，有这些表现的人不止你一个！

总之，我们不仅更偏爱我们熟悉的事物，也更喜欢与我们自己有关的事物，这会导致我们更倾向于偏袒那些让我们感到亲切的人。我们之所以会欣赏和信任一个人，就是因为这种熟悉的感觉落地生根了。当然，人们也有可能反过来利用这条原理来影响我们的行为。大量社会心理学研究指出，求助者与被求助者之间的相似性有利于提高助人行为的概率。

在这些实验中，研究人员通常会通过服装、种族、态度或身份的一致来营造这种相似性。一名求助者若与被求助者属于同一个种族，那么他得到对方帮助的可能性会更大。一名"不慎"将一叠软盘掉落在地的研究者同伙，若他是白人，则帮他捡起软盘的人多半也是个白人；若他是黑人，则帮助他的人多半也是黑人。哪怕只是因为对方穿着和我们相似的服装，我们也会更愿意帮助他捡起刚刚掉落的包裹。而持相同意见和态度的人就更有可能互相帮忙了。

由此可见，只要我们和某人有一点儿相似之处，对方都更有可能因为这个"珍贵"的共同点而更乐意帮助我们。

网络上的助人行为

在互联网上，我们同样可以利用与对方有关的信息来制造亲切感。你或许会对此表示怀疑，因为在你看来，很少有人会将自己的身份信息暴露在这种媒介上，你继续读下去就知道了。

> 盖冈及其同事展开了一项研究，目的是看他们有没有办法使更多的网络用户参与到一个有关饮食习惯的问卷调查中来。他们通过电子邮件向网络用户们发送了参与调查的邀请，当然，收件者们对发件人完全陌生。发件者声称自己是一名大学生，为了完成学校布置的作业，不得不搜集大家的回答。根据不同情况，发件者可能与收件者同名或不同名。
>
> 在发件者与收件者同名的情况下，回答问卷的人竟然增加了 2 倍。很显然，只要得知对方和我们同名，哪怕我们对此人根本不了解，也足以使我们对他青眼有加。

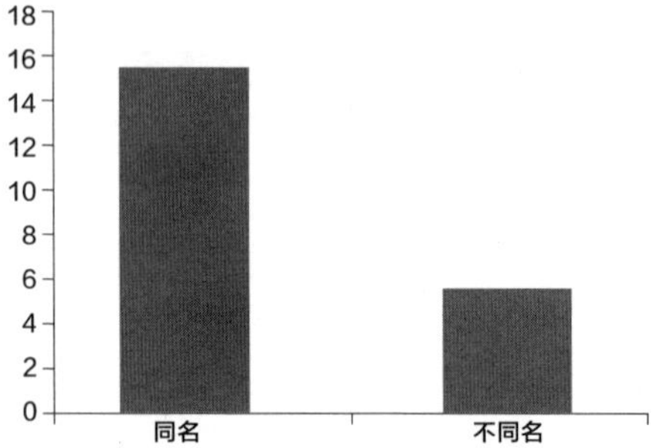

填写并返回问卷的人数比率（百分比）

对消费者的影响

盖冈最近又仿照上述实验开展了另一项研究。这次，一名电话接线员试图说服一些潜在的顾客，希望他们能同意让一名送货员到其家中递送一份冷冻产品的宣传册。接线员的手里有一份潜在顾客的名单，他们在电话里做自我介绍的时候，会故意报出一个与联系对象相同或不同的名字。结果再次表明，名字的相似性可以带来积极的效果，因为在同名的情况下，接受提议的人数升高了近 3 倍。与此同时，研究者还观察到了另一个结果，当男性接线员与一名女性通话时，他虽然无法用一个女性的人名来介绍自己，却可以使自己与该女性的丈夫“同名”（潜在顾客的名单上包含配偶信息），而就在男接线员使用其伴侣名字的情况下，同意让送货员上门递送宣传册的女性多了近 1.5 倍。由此可见，亲切熟悉的感觉在该案例中毫不例外地起到了催化剂的作用。假如接线员在电话里使用联系人子女的名字，结果又会如何呢？这值得研究人员展开进一步的探索。

可以看出，姓氏或名字的相似性具有相当大的影响力，但你可千万别以为，相似性的效应仅表现在这一方面。其实，只要

> 他人具备我们身上的任何一个特点，都足以使我们对对方产生亲切感。例如，如果一个人知道自己和另一个人的生日或血型相同，那么他会更愿意回应对方的求助。由此可见，人与人之间存在多种形式的偶然共同点，而这些共同点会使我们在面对那些与我们有共同特征的人时，表现出不一样的态度和行为。

自我暗示

上述研究表明，若某人与我们同姓或同名，那么我们会更乐意接受他的请求。不可否认，姓名与个人已经达到了浑然一体的地步。有一天我们将会看到，相似性带来的影响力可以波及更广的范围——组成我们姓名的字母，尤其是首字母，会使我们更偏爱名称中含有这些字母的产品。

> 布伦德、查托帕答雅、佩勒姆、卡尔瓦洛和普里查德等人曾向一群人介绍了两种茶，并请他们试喝。这两种茶的名称都由六个字母组成，且均属于不知名的品牌。对于其中一组人，实验者会设法在每次介绍这两种茶时，都使其中一种茶的品牌名称的前三个字母对应于受试者名字的前三个字母。例如，若某人叫 Matt，那么该茶就会被命名为“Mataku”。另一种茶的名称虽然不同，却也与第一种茶的名称存在相似性。例如，第一种茶被命名为“Mataku”时，第二种茶就会被命名为“Hataku”。茶的名称听起来都很有日语的味道，因为实验者在介绍产品时，会称两种茶都是日本茶。当然，这两种茶是完全一样的，只是名称不一样而已。受试者们需要品尝每一种茶，然后分别给出评价。实验者补充说，为了确保评估结果的准确性，每位受试者都可以根据自己的喜好，领取一包 30 克的茶叶样品，正是在这样的契机下，受试者必须说出自己更偏好哪一种茶。另外，实验者还要求他们

评估了自己的饥饿程度和口渴程度。最后，受试者们自由地表述了自己选择某种茶的原因。

对于两种茶的选择情况，得到的结果如下：

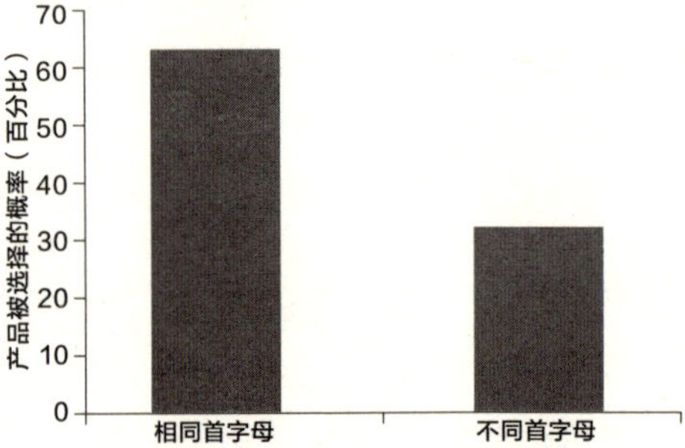

根据茶名和人名的初始音节相似性
统计出的产品选择情况

正如我们所看到的，人们似乎更喜欢与其名字开头字母一样的产品，并且研究人员发现，人们对该产品在味道方面的评价也更高。此外，口渴程度和饥饿程度并没有影响人们对茶的选择。而且在大多数情况下，当人们解释自己选择某种茶的原因时，除了口感和气味，均没有提及茶的名称。由此可以推测，他们对使自己做出选择的原因并不知情。

我们更喜欢那些名称与我们的名字相像的产品，这个结论在布伦德、查托帕答雅、佩勒姆和卡尔瓦洛等人最近的一项研究中得到了证实。一些受试者在食用了咸味食品后，需要从两种矿泉水中选一种来饮用。结果再次证明，人们更倾向于选择品牌名称开头与自己名字开头一致的矿泉水。

这种效应不单单体现在人们对新产品的选择中，事实上，上述研究人员已通过另一项研究证实，该效应对一些知名的产品品牌同样适用。他们请一群人按照自己的喜好来对各种品牌的巧克力棒进行排序。

受试人群主要是学生，因为年轻人是这类产品的最大消费群体。这一次，研究人员考察的是人名的首字母与产品品牌的首字母之间的相似度。结果同样表明，若巧克力棒品牌的首字母与学生们名字的首字母相同，则该品牌在他们列出的偏好顺序中的排名会更靠前。看来，我们很喜欢食用那些与我们有相似之处的东西。

我们喜欢那些品牌名称与我们的名字相似的产品。除此之外，我们还喜欢为产品取一些与我们的名字相似的名称。比如，有研究者曾拜托一群人为一种所谓的新式“开胃饼干”选择产品名称。备选名称都以同样的方式结尾，但开头的前三个字母或与受试者的名字开头相同，或与另一个人的名字开头相同。结果显示，62% 的受试者更偏爱与自己名字相似的产品名称。其他研究者也通过一些品牌名称证实了相似性对选择的影响力。

在法国，德拉克洛瓦和梅里戈因研究需要，挑选了很多同名的人来评价一些品牌，结果是，叫 Sébastien 的人喜欢 Seb 品牌超过喜欢 Moulinex 品牌；叫 Philippe 的人喜欢 Philips 品牌超过喜欢 Pioneer 品牌。

结论

通过名字的相似性，我们可以影响消费者或网络用户的行为。除此之外我们还观察到，人们对产品或品牌的喜好程度也会受名字之间相似性的影响。不过，使用相同或相近的名字并不是唯一的技巧，我们完全可以考虑透过其他的形式来制造这种熟悉感。比如搜集与对方有关的信息并了解对方的喜好，这样一来，就能在与他人互动的过程中使对方产生一种亲切的错觉，继而令他人更加信任我们。

71 他让我想起了某个人！

大量研究表明，只要我们觉得自己与一个陌生人有些许共同点，我们就会更加欣赏对方，尤其是当这种共同点与我们自身直接相关时。

事实上，研究人员认为，与我们自身紧密相关的其他因素也会影响我们的行为。因此有研究证明，当我们以为自己与一个陌生人同一天生日时，我们会更欣赏对方或更愿意帮助对方。

> 在伯格、弥赛亚、帕特尔、戴尔·普拉多和安德森等人的研究中，一名女大学生按要求前来完成一项所谓的创意性任务。在接待她的过程中，实验者可以通过提问得知她的名字，并判断该名字是属于常见人名还是罕见人名。若属于后者，则该女学生被排除在实验对象之外；若属于前者，则实验者会想办法将她的名字告知一名同伙。接下来，该同伙会负责把这个名字印到某健康协会的志愿者徽章上，该协会正在为一个患有罕见疾病的女孩募集善款。当女学生完成好创意性任务，准备从楼里走出来的时候，同伙会戴上徽章前去与她搭话，并邀请她参与捐款。根据不同情况，徽章上所印的人名与受试者同名或不同名。研究人员观测了女学生们在不同情况下的人均捐款数额，最后得到的结果如下：

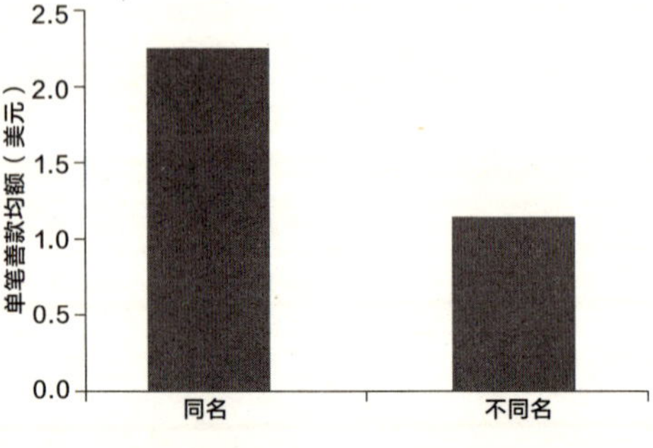

正如我们所看到的，面对一个同名陌生人提出的请求，人们会表现得更加慷慨。可见，我们欣赏与我们相似的人，特别是当我们与对方在身份信息上有相似之处时。

既然名字具有如此大的影响力，那么姓氏当然也不例外。在前一项实验中，我们尚且有理由怀疑实验结果的准确性，因为身为同伙的女孩在向不同的受试者发出捐款请求时，可能会在行为上有所差异。但在互联网上，当研究者的同伙变为一台负责发送邮件的机器时，这种在行为上出现的微小变化自然就不存在了。然而我们依然可以观察到，身份的相似性会促使我们更轻易地接受他人的请求，哪怕有些请求在我们看来会有些古怪。

奥茨和威尔逊曾向近 3000 名网友发送了电子邮件，发件时会称自己是一名大学生，并且正在研究运动队的各种吉祥物。然后请网友回答以下几个问题：其所在城市的运动队在使用什么样的吉祥物？这支运动队是从什么时候开始启用该吉祥物的？是否可以更具体地描述一下该吉祥物？根据不同情况，发件人的电子邮件地址中会包含与收件人相同的姓氏或名字。关于对受试者姓名的选择，研究人员挑选了一些特别常见和相对罕见的姓氏，名字当中既有女人名，也有男人名。他们留了两周的时间来让网友做出回复，结果如下：

根据姓名相似程度统计出的回复率（百分比）

同名同姓	同姓不同名	同名不同姓	不同名不同姓
12.3	5.8	3.7	2.0

我们可以看到，身份相似能够提高人们回信的热情。在同名同姓的情况下，回复率出现了显著增长，与既不同名又不同姓的对照情况相比，竟高出了 5 倍多。我们还观察到，只同姓的情

况比只同名的情况更能有效地鼓励人们回信。进一步的分析表明，一个姓氏或名字从统计的角度来看越是罕见，该姓名的拥有者在遇到同姓或同名的情况下回复率越高。

盖冈曾在 2003 年以一个学生的身份向某大学的学生们发送邮件，目的是请他们回答一份有关其饮食习惯的问卷。结果表明，72% 的收件者在发件人与自己同名的情况下回答了问卷，44% 的收件者在与自己不同名的情况下回答了问卷。为进一步研究同姓氏带来的影响，盖冈、皮乔特和勒·德莱夫于 2005 年复制了上述实验。结果再次证明，对于同样一份问卷，收件者在与发件人同姓情况下的回复率明显高于与发件人不同姓的情况。研究人员甚至观察到，受试者在同姓情况下的回复速度都比不同姓的情况下要快得多。

可见，姓氏的相似性确实可以提高人们接受请求的概率。即使通过邮政方式寄出问卷，我们也能获得同样的效果，要知道，在这种情况下，收信人在回信时需要付出更大的努力。加纳曾将一份问卷邮寄给了某大学的老师，这份问卷调查的是他们对校园生活的看法。寄信人称自己也是一名大学教师，并且正在从事这一主题的研究。结果表明，在与寄件人同姓的情况下，56% 的收信人给出了答复，而在不同姓的情况下，回复率则降到了 30%。

人们的自发助人行为会因姓氏或名字的相似而受到影响，其实消费者的行为也不例外。受前几项研究的启发，盖冈通过电话开展了另一项研究。一名电话接线员试图说服一些潜在的顾客，希望他们能同意让一名推销员兼送货员上门介绍公司的冷冻产品。接线员为男性，他在电话里做自我介绍时，会根据手里掌握的客户资料，报出一个和对方相同或不同的名字。当然，接电话的不一定总是男性。假如对方是女性，接线员会报出一个与其配偶相同或不同的名字。在介绍完自己的身份后，接线员便极力推荐自家产品，旨在说服对方答应自己的提议。

在接电话的人当中，接受上门推销的人所占比率如下：

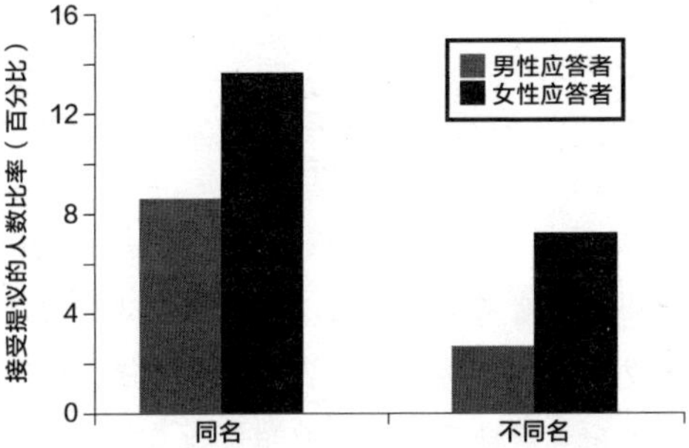

这里出现了两个值得我们留意的现象。一方面我们观察到，若接线员在和一名男性通话时使用了与对方相同的名字，则该男性会更乐意接受接线员的提议。另一方面我们观察到，若男性接线员在与女性通话时，使用了与其配偶相同的名字，则她们当中会有更多人愿意接受提议。虽然在该情况下，女性接受率的增幅小于男性，但我们不能忽视的是，女性在对照情况下的接受率已然明显高于男性。

此后，研究者又通过一名女接线员证实了这些结果。该女接线员在和男性通话时，会使用与其妻子相同或不同的名字来做自我介绍。然而我们观察到，与女性相比，男性在这种同名情况下的接受率并没有出现同等程度的提升。也就是说，虽然当女接线员与他们的妻子同名时，接受提议的男性比不同名的情况下多了 31%，但该增幅仍低于女性在面对与其丈夫同名的男接线员时所创造的接受率增幅。对于某类潜在的客户群体，研究者掌握着一些额外信息，于是他请接线员利用客户孩子的名字进行了同样的实验，并再次观察到了同名的效应——女性接受率的增幅要高于男性。最后，研究者用同样的方法探索了同姓不同名的效

> 应——人们接受提议的概率在同姓的情况下依然有显著提升，不过这一次，男性接受率的增幅要高于女性。

结论

综上所述，我们更愿意帮助那些和我们同姓或同名的人，甚至是那些与我们熟悉的人同姓或同名的人。这种强大效应的产生，肯定是因为同姓或同名引发了本能的熟悉感。我们已经知道，熟悉感能鼓励助人行为，并且我们更乐意帮助那些和我们相似的人。

72 带上鲜花诉衷肠！

据美国罗格斯大学的女研究员珍妮特·哈维兰—琼斯称，人类自古以来就与鲜花保持着一种奇特的关系。事实上，人类从 5000 多年前就开始种植花卉了，其目的仅仅是为了看到花朵绽放的一刻。如今我们已经知道，鲜花具有装点庭院或美化室内环境的效用，但在 5000 年前，人类还处在一个必须把大部分时间都花在维持生计的时代，于是我们不由得惊讶和感慨，远古的人类竟然会把时间和精力贡献给这样一种华而不实的事物。社会生物学家介绍说，这种“无用的”种植行为其实已经揭示了花朵所蕴含的情感渲染力。我们知道，葬礼时总少不了鲜花的陪衬。在尼安德特人[1]的墓穴中发现的花粉痕迹证明了从远古时代起，人类就有用鲜花陪伴死者的习俗。另外，研究者认为，花卉很可能因其外形、颜色和气味的多样性而被人类看作各种不同情感的象征，鉴于此，我们可以推想，或许远古人类种植花卉就是为了利用它们来表达这些情感，或见证生命中的悲喜事件。

果然，最近的一些研究表明，鲜花似乎确实具有即时激活情感的功能。

> 哈维兰—琼斯及其同事曾动员一些女性参与到一项调查中，并通知她们该调查将分两次进行，中间会间隔数日。同时这些女性被告知，研究小组会派人送一份神秘礼物到她们家中以示感谢，但具体什么时候送并未说明。在这些女性接受提议的第二天，研究人员邀请她们参与了第一阶段的调查，以便衡量她们的初级情绪，以及对生活的满意度。10 天后，这些女性在家中收到了研究组送来的礼盒，里面装的或许是一束鲜花，又或许是一篮水果和糖果。负责派送礼品的人员预先并不知道礼盒里装的是什么，他们必须在女性拆开礼盒的瞬间评估她们脸上的表情。为此，他们事先接受了特别培训，以识别个体在表达情绪时所使用到的面部肌肉。又过了 4 天后，研究人员再次联系了上述女性，并请她们回答了一些与第一阶段调查相似的问题。
>
> 对表情的观察结果显示，不论女性收到了哪种礼物，她们的脸上都表现出了喜悦。不过，与收到果篮和糖果的情况相比，女性在收到鲜花的情况下，脸上露出所谓“杜兴微笑”[2]的概率更高。此外，研究人员还注意到，较第一阶段的调查结果而言，女性在第二阶段描述的初级情绪和对生活的满意度呈现出了更积

---

① 指旧石器时代，在莱茵河右岸谷地生息的人。

② 即发自内心的微笑。与假笑的不同之处在于，“杜兴微笑”会引起眼周肌肉眼轮匝肌的收缩。

极的态势，不过该现象仅涉及那些收到鲜花的女性。

由此可见，礼物可以给人带来积极的情绪，这是我们意料之中的，但真诚的喜悦却只有在你送给对方鲜花时才能从对方的脸上看到。据研究者称，鲜花与人类的情感是如此息息相关，以至于人们一看到鲜花就会即刻做出一些特殊的反应。

鲜花的出现能使人的情绪发生变化，但具体产生哪种情绪却取决于背景条件。在一项搭便车的实验中，盖冈及其同事曾拜托一群年轻男子和一群年轻女子逐一到路边去拦截顺风车。根据不同情况，他们的手里可能拿着一小束花，也可能不拿花。然后，研究人员观测了男 / 女司机在不同情况下的停车率。

停车者在司机中所占的比率

	男司机	女司机
男性搭便车者		
手里拿花	13.6%	10.5%
手里不拿花	6.8%	1.3%
女性搭便车者		
手里拿花	10.7%	8.2%
手里不拿花	12.3%	7.2%

> 我们可以看出，光靠花束本身还不足以影响司机们的停车率，一束花必须由男性搭便车者拿在手里才能发挥它的效应。该效应的产生很可能是因为花束给男性带来了浪漫的气质，也可能是因为拿着花的男性可以减少他人对他的猜疑或恐惧。

结论

综上所述，鲜花能够对男性和女性的行为产生相当大的影响，而且这种影响起效非常迅速。要知道，在搭便车的实验中，驾车司机几乎只有一秒钟的时间来决定停车与否。这或许可以用来解释人类与花卉之间的古老联系：鲜花可能被远古人类看成了“美”这个概念的自然体现，而人与动物的不同之处正在于，人类有能力激活自身正面的感觉和情绪，因此懂得欣赏这类对其生存并不必要的事物。人类在接触到花朵的一瞬间就足以唤醒这些情绪和感觉，继而对自身的行为产生影响。

73 为高考加分的绿色植物

既然从教室窗口眺望到的自然景观或一个绿意盎然的环境有益于改善孩子的认知能力，那么孩子的学习成绩也应该会因此而有所提高。如今的研究表明，我们很有必要在教室里摆上自然植物，因为这么做确实有助于提高孩子们的学习效率。

> 戴利、伯切特和托比曾以数个班级的学生为对象开展一项研究，这些学生的年龄在 11—13 岁。他们在半数的教室里摆放了三盆高大的绿叶植物，其高度在 2.5 米—3 米左右。实验方法是让学生们在放置盆栽之前和盆栽在教室里放置了 6 周后这两个不同的阶段接受几门主要科目的测试。即使是不接触盆栽的那几个班级同样要在 6 周前和 6 周后参加上述三个科目的测试。鉴于这些测试均以学生的分数高低来评估其对知识的掌握情况，研究人员可以据此来比较每个学生在六周前后的得分差异。
>
> 结果显示，在摆放绿叶植物的班级里，学生们的数学成绩平均提高了 14%，拼写成绩平均提高了 12%，自然和科技方面的成绩平均提高了 11%。这些学科的老师们评价说，在这样一个阶段，学生们的成绩能够进步 10% 就已经很不错了。至于不接触盆栽植物的那几个班级，学生们的进步在相较之下就没有这么明显了，而且研究人员在事后观察到，接触植物的班级和不接触植物的班级在这三个科目上的表现出现了较大的差距。
>
> 由此我们可以看出，接触植物似乎确实有利于提高学生们的学习成绩。应当指出的是，并不是所有的研究都得出了这样的结论，不过这有可能是学生们的年龄差异或植物的摆放地点不同

造成的。比如，多克西、瓦丽泽科和扎伊切克三人曾将一些盆栽植物摆到了几所大学的普通教室和阶梯教室里，并把在这些教室里上课的学生们的考试成绩与那些在不放植物的普通教室和阶梯教室里上课的学生们作了比较，结果表明，尽管接触植物的那组学生平均分稍高一些，但总体比较起来，两组学生的成绩差异并不明显。然而值得注意的是，在教室里摆放植物的情况下，老师本人及其讲授的课程内容却在学生们那里得到了更高的评价。此外，用鲜花点缀教室同样有利于改善课堂气氛。有研究者发现，当一些开花植物在某高中的数间教室里摆放了两周以后，学生们之间的关系变得更融洽了，老师处罚学生的次数也变少了，而且学生们来教室上课时的心情也更愉悦了。

结论

综上所述，在教室里摆放植物既有利于提高学生们的学习成绩，又能改善他们的行为举止，甚至还能提高他们来教室上课的积极性。

74 工作没效率？养盆绿植吧！

研究表明，如果员工的工作环境中有许多的绿叶植物，就会改善雇员在工作时的舒适度，继而提高员工整体的工作效率。

> 在布林斯利马克、佩蒂尔和哈蒂格开展的一项研究中，研究人员曾以挪威的 385 名上班族为调查对象，衡量了这些人在工作中感受到的个人控制度，即员工感受到的自主行事的自由度，以及他们感觉到的同事和上级对自己的支持度。与此同时，研究人员还让这些员工评价了自己的工作效率、压力感和缺勤率。另外，员工们还要说出在过去的四周内，工作环境中如噪音、温度、空气质量等这些变量在何种程度上影响了他们，研究人员则据此评估了他们身体的紧张程度。最后，研究人员观测了其工作场所的绿化情况。
>
> 结果表明，办公场所的绿植对员工的身体压力和心理压力并没有减轻作用。不过，植物的存在却有利于提高工作效率——员工的工作效率随着工作环境中的绿植数量增加而提高。研究人员还观察到，办公地点的绿植数量与员工因病缺勤的次数呈负相关——绿植数量越多，缺勤次数越少，反之亦然。

由此我们了解到，在办公室职员的工作环境中增添绿植可以有效提高他们的工作效率，并减少缺勤率。然而在该案例中，他们考察的只是办公室里是否设有盆栽植物，其研究结论也只体现了变量之间的相关性，并不能够直接验证植物的影响力。事实上，办公室里的绿植既可能是员工自己带过去的，也可能是上级领导要求摆放的，而这上面的区别本身就会影响到最后的观察结果。为了弥补该项研究的不足，研究人员用一种真正的实验方法证实了绿叶植物在工作场合发挥的效应。

> 费耶尔德的一项研究在挪威某间医院的放射科进行，研究者曾在实验地点人为地制造出了一个充满绿色植物的环境。他将一些盆栽摆放到了办公室的窗台上或放射诊断室的地上。观察期分为两个阶段，第一阶段在某年春季持续 3 个月，第二阶段在另一年的同期同样持续 3 个月。第一阶段不引进任何植物，到了第二阶段才摆放各种盆栽。在这两个季度的观察过程中，研究者请

每位医护人员回答了一份有关其健康状况的问卷，该问卷由三个部分组成，分别是神经心理问题、耳鼻喉方面的问题和皮肤问题。基于同一份健康问卷，研究者比较了两个阶段的调查结果，以便根据绿植的引进与否评定上述症状到底是有所减轻、有所加重，还是无变化。

	在引入绿植的情况下，症状有所减轻
神经心理症状	
疲劳	32%
感觉头部沉重	33%
偏头痛	45%
恶心和眩晕	25%
难以集中精力	—3%
耳鼻喉不适症状	15%
眼睛轻度发炎	11%
感觉透不过气	
咽喉干燥、轻度发炎	31%
咳嗽	38%
皮肤症状	
脸部发红 / 发烫	11%
头皮发痒	19%
手部皮肤干燥或轻度发炎	21%

通过上表我们可以发现，在引进绿植的情况下，某些症状的出现频率显著降低了，不过植物的出现却没能帮助医护人员更好地集中注意力。据研究者称，植物之所以可以带来这些正面影响，一方面是因为它能够吸附空气中的传染物，另一方面是因为它能够调节空气的湿度。要知道，这些因素都与耳鼻喉或皮肤方面的病症密切相关。另外，该项研究的结论也解释了为什么布林斯利马克 、佩蒂尔和哈蒂格会在他们的研究中发现，工作环境

> 中的绿植有助于减少办公室职员因病缺勤的次数。
>
> 我们已经看到，植物的存在能有效缓解员工们日常遇到的健康困扰。其他一些研究虽没有测试植物在工作环境中发挥的效应，却也证实了植物带来的积极影响。比如，从窗口眺望自然风景对人有许多好处。两位同姓卡普兰的研究者曾在 1989 年研究后指出，与那些只能从办公室窗口望见城市建筑的员工相比，能够眺望到树木和鲜花的员工会感觉工作压力更小，对工作环境的满意度更高。这两位研究者还观察到，能从窗口眺望到自然景观的这组员工比另一组员工遇到的头疼等健康问题更少。茜恩曾在 2007 年对此进行补充说明，不论员工的年龄、性别或职务类型有何种区别，办公室窗口的自然景观都能提升他们对工作的满意度，并减少他们的紧张感。

结论

假如你想要改善员工的工作效率和身心健康，那就不要给他们太大的绩效压力，因为这么做只会适得其反。你应该考虑用植物为他们营造一个舒适的工作环境，这样甚至可以改善员工们对公司高层管理人员的印象。

75 绿色盾牌

我们常听人们说“自然的力量是不可违抗的”，但你未必知道，大自然也能使我们变得更强大。我们在先前已经了解到，让患者在医院里接触植物和鲜花可以减轻他们的疼痛感，继而减少他们服用止痛药的剂量。然而有实验研究进一步表明，面对外界环境引起的疼痛和不适，个体在接触到植物和鲜花的情况下会产生更强的抵御能力。

> 在洛尔和米姆斯于 2000 年开展的一项研究中，他们拜托一群大学生到一个小房间来完成一项比较特殊的任务，这个任务就是将自己不常用的一只手浸入冰水中，直至自己觉得无法忍受为止。在完成这个任务之前，受试者要将不常用的手放到 37℃的水中浸泡 2 分钟，这么做的目的是使所有人的手部皮肤都具有相同的初始温度。接下来，他们再将这只手浸泡到冰水中。与此同时，研究人员会统计下那些能够坚持 5 分钟的人。在开展实验的房间中，研究人员会根据不同情况摆放不同的物品。这些物品或为室内绿植，或为房间增添气氛的彩色装饰品，又或者既不放绿植也不放装饰品（对照场景）。在每种情况下，将手在冰水中浸泡达 5 分钟以上的人所占比率如下：

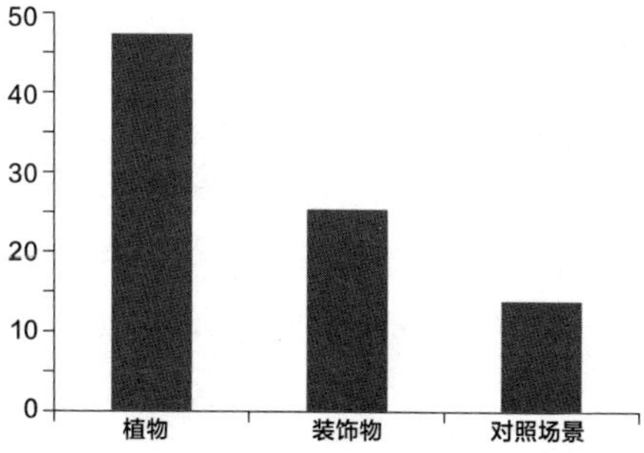

我们可以看到，在摆放绿植的情况下，更多人成功地坚持了下来。摆放装饰物情况与对照情况相比，并没有获得更突出的效果，这就说明，植物产生的效应与其装饰作用无关。

由此可见，接触植物能够提高人体对疼痛的抵抗能力，且这项实验的结果已在另一项研究中得到证实。帕克、马特森和基姆在 2004 年开展了一项极为相似的实验，他们将一群女大学生请到了一间装修接近医院病房的房间，房间里或摆放着一些开花植物和绿叶植物，或只摆放着绿叶植物，又或者不摆放任何植物。研究人员要求女孩们把手浸泡到温度为 0℃的水中，并尽可能坚持不将手抽离冰水。在该实验中，受试者均佩戴着用于测量其皮肤电活动的传感器，以衡量疼痛感对其造成的精神紧张度。最后，在实验结束时，受试者要根据一个参考等级来评估自己刚刚所感受到的疼痛度。结果再次表明，周围环境中的植物能提高受试者的御寒能力，降低她们的痛感，减弱其皮肤的电活动，并加强其自控能力。另外，研究人员还通过该实验观察到，当绿叶植物和开花植物同时出现在房间里时，植物带来的积极效应会更加显著。

结论

综上所述，周遭环境里的植物可以使我们更能忍耐疼痛或令人不太愉快的经历，且该效应对男性和女性都一样适用。此外我们发现，植物带来的积极效果与其装饰作用无关，因为其他的装饰品未能发挥相同的效果。据研究者称，开花植物或绿叶植物能给人带来巨大的舒适感，继而促进人体分泌具有自然镇痛功能的内啡肽，从而提高人们对疼痛的耐受力。我们在先前已经了解到，植物的存在可以减少患者在术后的疼痛感，以及他们对止痛药的依赖性。然而在当时的实验中，患者明明与植物接触了更长的一段时间才达到这样的效果，反观上面两项研究，受试者仅仅与植物短暂接触几分钟后，就形成了这种有利于抵抗疼痛的生理状态，这难道不令人称奇吗？该现象似乎意味着，人类具备一看到植物就自动激发体内变化的能力，植物对我们影响力的强大不言而喻。

9
循序渐进的影响

或许一直以来你都有这样的困惑，当我们向他人发出请求的时候，调整语句的顺序是否真有那么重要。或者说，在让他人得知帮助我们所要付出的真正代价之前，我们是否应该想办法先使对方答应下来？在本章中，盖冈将为我们解释什么是社会心理学上所谓的“循序渐进式说服法”。心理学研究者在观察了我们的日常行为模式后，又观察了所有那些想让我们按照他们的意愿去行事的人的操作方式，并从中发现了大量语言上的技巧。这些技巧主要涉及一些口头表达方式，实施起来不费吹灰之力，却能够使任意一个对象都更轻易地接受一项问卷调查，更愿意捐出身上的零钱或更倾向于购买某件商品，甚至是更积极地参与到垃圾分类这一行动中。反常的是，人们在被操纵的同时，仍然会感觉自己不受任何的压力和束缚，且保有完全自由的决定权。对于这种看似矛盾的现象，其产生的原因大都是人们起初还以为自己答应的只是一个微不足道的请求或提议，甚至是一桩很划算的交易。接下来，当得知这件事的真正代价以后，他们中的很多人会选择坚持自己最初的决定，因为答应别人的话一旦说出口就会影响我们后续的决定。

76 肯为小善者 必能施大善

也许你曾在街上遇到这样一类陌生人，他们迎上来向你询问时间或一条并不复杂的路线，或请你在一份请愿书上签名，一旦你答应了这个小小的请求后，他们就会拜托你帮一个更大的忙，例如捐一点儿钱、买下他们的绘画作品等。或许你当时接受了他们提出的请求，但基本上每次你都会在事后问自己当时为什么会做出这样的决定。原因很简单，那就是你掉进了“得寸进尺法”的圈套。

> 1966 年，弗里德曼和弗雷泽用科学的手段研究了这个存世已久的说服技巧。他们的目的是使家庭主妇们同意让一组调查员上门查访两小时，以便他们就其家中现有的日常用品列一张清单。这些妇女是从一座美国城市的电话号码簿中随机抽取然后联系的，一名男子负责打电话联系她们，并谎称自己是某“私人机构”的调查员，为了确保真实性，研究人员特意为该“机构”编了一个名称。在实验场景下，调查员先做自我介绍，然后询问对方是否愿意配合完成一项小调查，这项调查就是回答 8 个有关日用消费品的问题。假如对方同意了，调查员便开始提问，当谈话接近尾声时，他会在挂断电话前衷心感谢对方的参与，并祝对方度过愉快的一天。三天过后，同一名调查员会再次打电话给这些回答过问卷的家庭主妇，并询问她们是否愿意在家中接待上面提到的调查小组。在对照场景下，调查员会在初次联系一名妇女时，省去问卷调查的步骤，直接请求她接受调查组的上门查访。

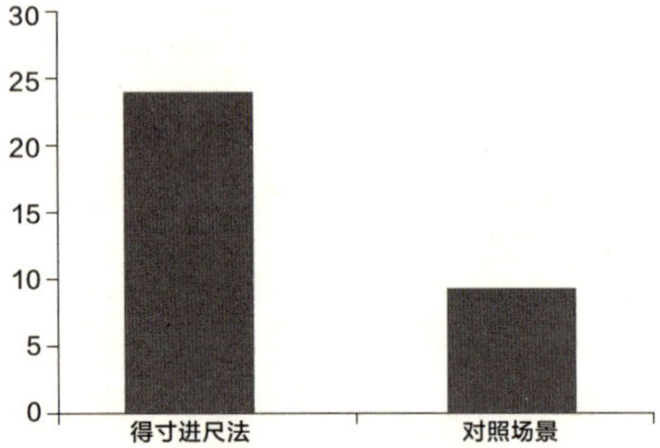

同意让调查员来到家中的人数比率
（百分比）

很显然，先请对方答应帮一个小忙，可以使之在接下来更愿意再帮其他的忙，哪怕之后的请求实施起来更加困难也无妨。

在这项研究中，研究人员还加入了另外两个实验场景，目的是更精确地分析该技巧所暗藏的认知机制。在第三种场景下，调查员按照“得寸进尺法”的场景打电话给受试者，不过他并没有实施预备阶段的问卷调查，而只是借口称自己以后会再为此联系她们。在第四种场景下，调查员在初次交流中根本没有提及问卷的事，他只是打电话介绍自己所属的“机构”，以及该“机构”从事的业务。结果显示，在提及问卷却没有实施的情况下，有33%的家庭主妇接受让调查组登门造访；而在只有一次简单的电话交流作为铺垫的情况下，仅有22%的主妇接受了最终的请求。看来，家庭主妇和调查员之间的熟悉程度，对主妇是否接受调查组的来访并无太大影响，因为在双方互动时间保持不变的情况下，“得寸进尺法”的实验场景和第三种场景得出的观察结果之间，仍然出现了较大的差异。换言之，受试者答应并执行第一个请求的这个步骤，确实是促使其接受第二个请求的直接原因。

在提出更大的请求之前，先鼓励对方答应一个小小的要求，这么做可以促使对方更倾向于接受最终的请求。在弗里德曼和弗雷泽的这项实验中，我们已经看到，“得寸进尺法”对提升接受率有奇效。有两位研究者进行了进一步的实验，他们想要知道的是，我们是否能通过一种途径来进一步强化该技巧。

这次的请求乍一看比上次更过分——他们想要说服一批拥有独立小屋的居民在自家的花园里竖起一块不小于16平方米的巨大标语牌，上面写着“注意行车安全”的字样，并借口称这么做的目的是要为某公共服务机构宣传道路安全信息。这次的实验在某城市郊区的安静地段进行，受试对象是那些住在该区域的独立小屋的业主。研究人员测试了融合两个因素的四种实验场景。同先前一样，研究人员需要设计一个铺垫性质的请求，即一个轻而易举就能让受试者接受的请求。为此，他们决定将受试者分为两组：一组人被要求在私家车的车身上贴一张贴纸，另一组人被要求在一份请愿书上签名。根据不同情况，请愿书或贴纸所涉及的主题可能是道路交通安全方面的，也可能是环保方面的。与之前不同的是，实验者不再通过电话联系受试者，而是到他们的家中面对面地向其提出请求。两周过后，另一位对之前的操作计划并不知情的实验者会再次到受试者的家中，以便提出最终的请求。实验中还加入了一个对照组，这组受试者没有事先被要求签署请愿书，或在车身上贴贴纸。如本段开头介绍的那样，第二位实验者会上门询问每一名受试者“是否愿意为预防道路交通事故，在自家的花园里竖起标语牌”。鉴于该标语牌体积过于庞大，实验者会向受试者们出示一张照片，上面呈现的是该标牌设置在一座标准规格的小屋旁边的效果。以此为参考，受试者们便能够更好地意识到这种标语牌给房屋美观度造成的负面效应。

在对照场景下，即实验者没有向受试者们提出第一个请求的情况下，同意设置标语牌的人数比率为16.7%。从统计数据来看，该比率明显低于研究人员在“得寸进尺法”的四种场景下观测到的接受率。

接受第二个请求的人数比率（百分比）

	作为铺垫的请求类型	
请求事由	在车身上贴贴纸	签署请愿书
道路交通安全	76.0	47.8
环境保护	47.6	47.4

由此可见，若作为铺垫的请求与最终的请求之间具有极大的相似性，那么受试者们会更轻易地接受最终请求。

结论

在向他人提出较大的请求之前，先设法使对方答应一个微不足道的请求，这样对方在后续的交流中接受较大请求的可能性就会更大。“得寸进尺法”让我们更深刻地理解了什么叫“骑虎难下”。看来，作为铺垫的请求能激发对方某种类型的行为，或使对方为执行某些行为开始做准备。而一旦这样的准备工作做好了，对方就会倾向于接受更大的请求。

77 你知道吗？你在一个慈善组织的网站上浏览的时间越久，就越有可能给该组织捐款。

如上一篇里证明的那样，“得寸进尺法”之所以能发挥它的效应，确实得益于实验者所采取的连续渐进的请求方式，与双方的熟悉程度或请求者的登门拜访无关。我们或许可以创建一个系统来自动激活这个渐进过程，达到影响个体行为的目的。其实，一个网站若懂得巧妙地变换其网页的内容和设计风格，就能实现这种效果。下面的案例对我们而言是一个很好的启发。

> 为了开展这项实验，盖冈、雅各布和勒戈埃雷尔曾于 2003 年为一项人道主义事业创建了一个名为“地雷受害儿童”的网站，该网站旨在呼吁大众关心那些因遍布世界各地的杀伤性地雷而伤亡的孩子。网站首页直接展示了一些受害儿童的照片，以及一条号召大家重视该问题的标语。为了实验需要，研究人员为该网站设计了两个版本。有 1208 名网络用户作为受试者参与了这项实验，他们通过一个电邮软件向受试者们发送了一封邮件，邮件内容是这样的：你若愿意花 5 分钟的时间关注一下地雷受害儿童，请点击……通向网站的链接就在这句话的下方，受试者只需点击链接按钮便可访问网站。
>
> 在对照场景下，网站首页会出现一个动员受试者为地雷受害儿童捐款的链接，点击之后，受试者会进入第二页，该页面上会显示一张包含两名儿童的图片、一条感恩的信息，以及标有下面这句话的另一个链接：“领取捐款表格，帮帮这些孩子”。点击

该链接后，受试者会进入一个新的页面，该页面上会再次出现一张儿童的图片，同时显示一条信息，称该网站才创立没多久，所以建议浏览者向保护儿童的人道主义协会捐款。为此，信息下方附上了三个站外链接，每个链接分别导向一家大型人道主义组织的官方网站，受试者们可以通过这些推荐的网站完成捐款。在“得寸进尺法”的场景下，网站首页展示相同的信息，但其包含的链接却是为了邀请受试者签署一份“反对使用杀伤性地雷”的请愿书。点击首页的链接后，受试者会进入到另一页：页面上方显示一张儿童的图片、一条感谢参与的信息，以及请愿书的内容——勒令遵守禁用杀伤性地雷的公约。请愿书的表格需要受试者填写四项内容，分别为姓氏、名字、电子邮件地址和性别。页面最下方有一个“确认”按钮，按下之后，这些信息将会发送到网站的数据库。发送完毕后，页面会自动跳转到“领取捐款表格”链接所在的网页。到了这一步，一切都按照对照场景中的步骤继续下去。研究人员观测的两个变量是：受试者有没有浏览包含三个站外链接的页面，有没有通过点击其中一个链接来访问人道主义组织的官方网站。

站外链接所在页面的浏览者所占比率及
人道主义组织官网的访问者所占比率（百分比）

	实验条件	
	得寸进尺法	对照场景
站外链接所在页面的浏览者	12.1	3.3
人道主义协会官网的访问者占受试者总人数的比率	5.2	1.3

	实验条件	
人道主义协会官网的访问占访问过站外链接所在页面的受试者的比率	44.2	40.0

在“得寸进尺法”的场景下，点击访问募捐官网的人数是对照场景下的3.5倍还多。可见，该技巧同样适用于非面对面的互动场景。

结论

综上所述，“得寸进尺法”无须真实的社交互动，也照样能发挥它的作用，而且我们可以通过机器将这个循序渐进的过程形式化，继而达到影响个体行为的目的。

78 不能施大善者必可为小善！

人们常说，“你必须要得很多，才能得到很多”，可这么做真的有效吗？从探索“门面效应”的大量研究来看，答案是肯定的。“门面效应”虽然听起来有些奇怪，但它的强大性是毋庸置疑的。下面介绍的两个实操案例就是很好的证明。

> 帕奇及其同事在1997年开展的一项研究中，他们的目标是到街上随机选择一些路人，并试图说服他们帮忙完成一件事，即

领取 10 张传单，然后将它们分发给自己的亲朋好友。传单宣传的主题是要呼吁人们增强自己的环保意识，所以还是很值得大家赞赏和支持的。在运用“门面效应”的场景下，实验者会上前与一位路人搭话。他首先介绍称自己是某环保协会的成员，正在寻找一些能够将 100 份传单发给自己的亲人、朋友以及同事的志愿者，接着补充说，传单推广的内容是如何回收和处理有毒的家庭清洁用品，最后询问对方是否愿意成为志愿者。不出所料，拒绝的人非常多。等受试者拒绝提议后，实验者会表示理解，然后询问对方可否帮忙发至少 10 份传单。而在对照场景下，实验者会省略第一个请求的步骤，直接提出最后的这个请求。

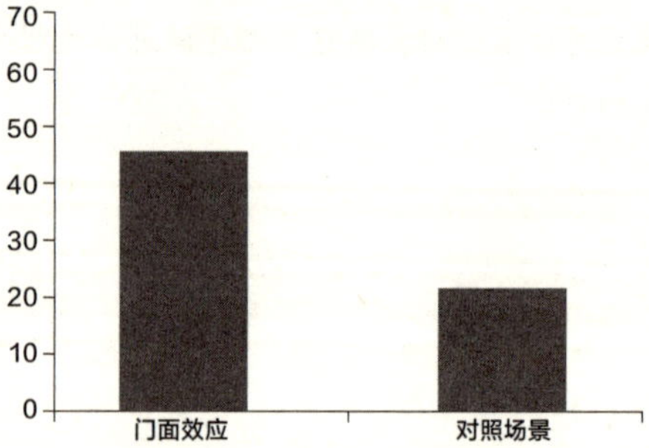

同意分发 10 份传单的志愿者所占比率（百分比）

由此看来，“门面效应”果真非常有效，要知道，接受请求的人数足足翻了一番。

事实上，在上述案例中，研究人员只统计了受试者对发传单这个请求的接受率，而没有观测志愿者当中有多少人真正兑现了自己的承诺。

米拉尔也曾测试该效应，而且他还验证了请求的完成度。他曾以数百名大学生为实验对象，要求这些学生参与一项有关人口统计及其健康方面的问卷调查。调查结束后，实验者向他们提出了真正的请求：是否愿意在 4 天的时间里详细记录自己的饮食行为，并将所有细节填写到一个专门的表格里。在运用“门面效应”的场景下，实验者会先问学生们是否愿意连续记录 1 个月，等他们表示拒绝后，实验者才提出只需记录 4 天。在对照场景下，实验者会直接请求学生们做 4 天的饮食记录。研究人员不仅统计了口头答应请求的学生比率，还通过表格的返回率评估了他们对请求的执行情况。

受试者对请求的接受率和完成情况

	门面效应	对照场景
接受率（百分比）	84	58
表格的返回率（百分比）	40	14

如图所示，在运用“门面效应”的情况下，不仅有更多学生接受了请求，而且接受者当中有更多人遵守了自己的承诺。

艾伯斯特和纽梅尔在 2008 年发表的一份报告中指出，“门面效应”具有卓越的商业用途。他们设计了这样一个实验：当一些徒步旅行者经过一个山间小屋的时候，一名女性同伙会向他们推销一种用传统工艺制成的奶酪，整块奶酪重一公斤，价格为 8 欧元。结果所有徒步登山者都拒绝购买。其实也难怪，要知道，在攀登坡度较大的山脉时背负一公斤的重量，比在平地上走路时要吃力得多。当登山者表示拒绝后，女性同伙便向对方推荐较小块的奶酪。结果表明，在运用“门面效应”的情况下，24% 的徒步登山者购买了奶酪；而在同伙直接推销小块奶酪的情况下，购买率却只有 9%。

结论

先提出一个较为过分的要求，等对方拒绝后，再立即提出第二个较为合理的要求，这样就可以使对方轻易地接受后面这个较为合理的请求。据一些研究者分析，前后两个请求所形成的反差，会使得较为合理的请求与之单独被提出的情况相比，让人觉得操作成本更低、更容易实现。据另一些研究者称，“门面效应”就像讨价还价一样，双方都各自做出一定的妥协——提要求的人会变得不那么不依不饶，而被要求的人则在拒绝过对方一次后，感觉要做出一点让步，给对方一个面子。

不管怎么说，无论被请求者如何看待两个请求之间的对比，“门面效应”都特别有效。不仅如此，该技巧还具有双重优势：当我们提出相对过分的请求时，不排除有个别人会接受，这是意外收获；至于其他人，我们可以退而求其次，提出自己真正想提的要求，这样我们也不会损失什么。所以说，合理运用“门面效应”对我们有非常大的帮助。

79 为什么销售员总是先向你推荐最贵的售后服务？

上一篇里介绍的“门面效应”使我们了解到，让对方先拒绝一个过分的请求，可以使其在接下来更轻易地接受另一个比较简单的请求。尽管这种技巧与我们熟悉的“讨价还价”有一定联系，但许多商业交易却不是按照这个模式进行的，因为在某些场合，商家必须做到明码标价，另外在有些国家，商家是无权在法定期限之外随意打折的。那么商家究竟该如何运用“门面效应”来影响消费者的行为呢？其实，一些有经验的销售员已经可以很自然地做到这一点了。

宾士域品牌是美国著名的台球桌制造商，其销售负责人沃伦·凯利曾在1975年指出，售货员对产品的不同型号进行推荐的顺序可以影响消费者的购买行为。一般而言，当顾客进到这种类型的商店后，售货员总会先向其推荐一些入门级的台球桌，然后再推荐那些更高级、价钱更昂贵的。据这位销售负责人称，这种推销策略虽然是最常见的，但却不是最有效的。若将推荐顺序倒过来，即先向顾客介绍最贵的型号，则售货员可以卖掉均价为1000美元的台球桌。要知道，在使用先前的推荐程序时，顾客只会购买均价为550美元的台球桌。

顾客购买何种型号的决定是很容易受到干扰的，而售货员的推荐顺序能极大地影响他们的选择。要先介绍价格昂贵的台球桌，这样一来，其他型号的价格与之相比就显得实惠许多。所以说，只要改变顾客的参考标准，你就可以改变其投资该产品的心理预算。

美国社会心理学家西奥迪尼曾在其著作《影响力与心理操纵术》中，讲述了一名曾任推销员的朋友写给他的一封信。该推销员当时负责销售的是电视及高保真试听设备。这类产品的销售有一个特点，那就是推销员不仅要销售设备本身，还要尽可能地说服客户购买售后服务合同，要做到后面这一点就比较困难了。但这位推销员使用了一种不同于其他同事的销售技巧，效果相当出众。大多数推销员都会强烈推荐价格最低的售后合同，其实该前任推销员当时的目标也不例外，只不过他采用了另一种方式来说服顾客。他会先推荐保修期最长的合同，也就是最贵的那一种。其实这样的尝试是有回报的，因为少数顾客直接接受了价格最高的售后保障。若顾客表示拒绝，那他就推荐保修期最短、价格最低廉的合同。凭借着这个技巧，该推销员成功地说服了70%的客户购买售后服务合同。至于他那些首推廉价合同的同事，他们负责的客户中只有 40% 的人同意购买售后服务。

来一份甜点吧？不用了！那咖啡呢？

在一些看似平淡无奇的做法中，可能潜藏着影响消费行为的技巧。最典型的例子莫过于此，当你在餐厅里用餐完毕时，服务员会过来建议你点一杯咖啡或茶。有时候你之所以听从了建议，并不是因为你特别想在餐后喝咖啡或喝茶，而只是因为你才拒绝了服务员说你不需要甜点。

盖冈、雅各布和梅内里曾拜托数家餐厅的服务员用两种不同的方式向用餐完毕的顾客推荐咖啡或茶。该项实验的测试对象是那些单独用午餐的客人。在一种被称为“接连询问”的场景下，服务员会在撤走盘子和餐具的时候，询问顾客是否需要点一份甜点。若顾客回答不需要，服务员就会立即询问对方是否需要来一杯咖啡或茶。在“间隔询问”的场景下，一切按照相同的步骤进行，只不过当顾客回绝了关于甜点的提议后，服务员不会立即推荐咖啡或茶，他们会先将桌面清理完毕，然后到别处去忙 3 分钟左右，最后再回来询问顾客是否需要咖啡或茶。为了便于比较，实验中还加入了对照场景：研究者想要了解，在服务员不作推荐的情况下，有多少顾客会主动点咖啡或茶。观察结果如下：

点咖啡或茶的顾客比率（百分比）

	男顾客	女顾客
前后两次询问之间无间隔	55	43
前后两次询问之间有间隔	38	26
对照场景	23	13

我们可以看到，在服务员向顾客推荐咖啡或茶的情况下，点这两种饮品的顾客会显著上升。不过，接连询问的效果似乎更好。这不难理解，因为甜点较咖啡或茶而言要贵一些。据推测，当顾客刚拒绝说不要甜点，既而又被推荐咖啡或茶时，两类产品在价格上的对比会让顾客觉得咖啡或茶比其实际价格更便宜，所以才会有更多人点了其中一种饮品。另外，这种对比效应貌似在3分钟之后就失效了，于是顾客得以重新在不受干扰的情况下，衡量一杯咖啡或茶的真正价值。

结论

制造对比果真是一种强大的销售技巧：我们很容易就能改变顾客的价格参考标准，从而提高其对某产品的投资预算，或使其更轻易地接受高价产品。上述案例都涉及了顾客与售货员的互动，其实我们也可以在其他背景下制造这种对比，尤其是在超市里。假如商家想在某个时段推销某种产品，可以考虑将一种更高档、更贵的同类产品摆在这种产品旁边，这样就可能诱使潜在顾客低估促销产品的价格。为了让你觉得某款限量车物超所值，销售人员会告诉你，你只要多花几百欧元，就可以享受到价值几千欧元的附加配置。同理，加一欧元即可得一项附加配置的优惠手段也是为了凸显这种对比，使你觉得这辆车并不像它看上去的那样贵。

80 为什么一旦我们答应了某件事，就很难再说“不”了？

你周六可以抽空帮我搬点东西吗？

呃……可以吧。

太好了！我们得到离这儿约 120 千米的地方取 4 考得[①]柴火。这个量够我们家用好几个冬天了，而且买得多价钱也更优惠。到时候，咱们还得把这些柴火堆到我的车库里，这样一来，估计车库里也装不下其他东西了。顾不上这么多了，这次的机会不容错过。你不介意过来帮我一把吧？

呃……不介意。

你刚才已经掉进了“低球技巧”的陷阱，由盎格鲁－撒克逊人命名的这项技巧类似于我们所熟悉的“诱敌深入”策略，即你匆忙答应了别人的请求，甚至还不知道自己要为此付出多大的代价，等你完全知情

① 林业专属的材积单位，当一堆木材整齐紧密堆积，占地 3.62 平方米时，便是 1 考得，相当于 1.21 米高，2.44 米长，1.21 米深。

以后，对方再次问你是否同意时，你会选择忠于自己最初的决定。

你周六可以过来帮我们一起组织协会的庆祝活动吗？桑德琳也会过来哦，这样你还可以顺便见到她。

好啊！好啊！我一定来！

第二天……

好嘞，那我们大家周六 7 点在教堂广场集合。哦，对了，桑德琳跟我说她来不了了，因为她得复习迎考。你周六还会来帮忙吧？

呃……会。

此时，你又中了“低球技巧”的圈套，不过这次的情况有所不同。你当初之所以会答应对方的请求，是因为你以为自己能从中得到好处。然而第二天，这种好处消失了，你为了遵守之前的承诺，于是没有回绝对方。

你也许会反驳说，“低球技巧”只在双方是朋友关系的情况下才管用。你错了！为了评估该技巧的影响力，罗伯特·西奥迪尼开展了下面的实验。

> 西奥迪尼及其同事在 1978 年进行了一项实验，其目的是说服一群大学生参加一项所谓的“心理学实验”，并让他们知晓该实验将在清晨进行。实验者去到了一些教室里，对学生们称自己正在研究认知过程，需要他们作为受试者来参与一项实验，作为鼓励，参与者可以获得一个学分。在对照场景下，实验者会开门见山地向学生说明，实验的开始时间将在早上 7 点。在运用“低球技巧”的场景下，实验者会先问有多少人愿意参加这项心理学实验，等学生们表明自己的参与意向后，他再补充说明实验时间为早上 7 点，然后问刚才那些同意参加的人是否坚持自己的决定。在这两种场景下，实验者都会告知受试者实验的开展日期和集合地点。在集合的前一天，实验者会打电话提醒受试者别忘了参加次日的实验。研究人员统计了学生中的同意参加者所占比率，并

观测了受试者的行为。

	对照场景	低球技巧
口头答应者（百分比）	31.0	56.0
实际到场者（百分比）	24.0	53.0

在运用“低球技巧”的情况下，不仅有更多学生同意参与实验，而且他们当中的绝大多数人都兑现了自己的承诺。

商业应用

如果你以为“低球技巧”很难被运用在商业领域，那你就想错了。你可能会反驳说，交易的时候都有销售合同，所有细节从一开始就清清楚楚的，买家可以在完全知情的情况下做出购买决定。然而你不知道的是，“低球技巧”能够以极其微妙的方式隐藏在我们周围。一旦你知晓了该技巧的来龙去脉，你就会发现，它其实已被运用在了多种商业操作中。

一个很典型的例子是，广告往往会诱导你认为，只要购买了某件产品，你就能一并拥有那些其实需要额外购买的配置。比如，你看中了某型号、某价位的割草机，因为它能够自动收集被割下的杂草。等你到了商店才发现，要使该型号的割草机配备自动清理杂草的功能，你必须购买一个额外的配件，而这其实已在你收到的传单上被标明，只不过印刷字体太小，你根本就没察觉。又比如，你在一本商品目录的封面上看到了一台带有数个配件的钻孔机，其价格相当诱人，但别高兴得太早，因为你仔细一瞧就会发现，醒目的价格下方印有数行小字：“钻孔机的裸机价格为……，所有配件价格详见本目录第 35 页”。再比如，你瞥见某广告图片上的室外长条地板价格低得惊人，它们不但由进口木材制成，而且还能用隐形的方式固定。图片所展示的自然是用隐形方式铺成的地板，但上面标出的价格却只包含 1000 枚不锈钢螺丝钉。还不止这样，当你走进建材店时，你会看到，店里的露台样板都是用隐形的固定方式安装而成的，其舒适的视觉效果让你更加想购买这种地板了，但你很快就会意识到，铺设这种地板的人工费要比铺设一般的地板高出许多。除此之外，还有一种典型的“低球技巧”：展示某系列产品中最吸引人的一款，但在标价格时，却只标该系列中价位最低的那一款。

以上这些烘托或展示商品的方法都有着同一个目的，就是通过广告让你以为某商品非常划算，从而促使你做出购买决定，等你到了商店里就会发觉，所谓的超值优惠其实都是有代价的。假如你当初看广告时能够更仔细一点，你应该可以看出其中的一些猫腻的。因为法律不允许商家发布虚假的促销信息，可是广告中呈现的信息太多，我们通常无法一一处理。要知道，顾客一旦做出了购买决定，一般就不会改变心意了。

结论

综上所述，我们一旦答应了一件事，就很难再回绝别人了，即使这期间出现了变数，我们也会坚持兑现自己的承诺。没有什么比背弃自己的承诺更艰难的了，哪怕对方当初是使用了一些手段才使我们接受其要求的，我们也一样倾向于忠于自己的决定。在某些情况下，初始决定的力量是如此强大，以至于就算请求者承认自己向你撒了一个小谎，你也不会改口拒绝对方。

81 为什么你明明要买蓝色的鞋子，最后却买了红色的？

一旦遇上了“诱饵策略”，比如想要的产品断货了，人们就无法按照自己的意愿行事。他们不得不退而求其次，做出另一种选择，也就是购买类似的商品。我们中的许多人都上过“诱饵效应”的当，而且根本没有察觉到他人对我们使用任何心理操控术。有时候，我们甚至会为自己制造上钩的机会：我们特意去商场购买某个牌子的产品，却被告知该产品断货了，于是我们最终买了另一个牌子的某件产品，一件自己本不想要的产品。要知道，商家可以利用“诱饵策略”，轻而易举地使我们购买一些我们本不打算买的东西，当然，前提是我们对该策略的使用并不知情。

> 这项操控技巧最早出现在朱尔及其同事在 1989 年进行的一项实验中，他们的目标是说服学生们抽出一点时间，免费参加一项实验。实验者找到一些学生，并对他们称自己正在开展一项有关情绪的研究，需要一些志愿者来协助完成一项实验，那就是受试者需要观看一段 25 分钟的视频，然后再花 5 分钟的时间来回答一份问卷，问卷提的问题与视频内容有关。作为酬劳，每位参与者可以得到 5 欧元。愿意参加的学生要登记自己的姓名，接下来，实验者会告知他们要在次日的某个具体时间到实验室来。等他们来到实验室以后，另一位实验者会对他们称，这当中出现了一点状况：其实他已经完成了实验，只是自己没能及时通知那位负责联系他们的同事。该实验者补充说，他那里还有一项与记忆有关的实验需要招募志愿者，如果他们仍然感兴趣的话，可以花

半个小时的时间参与一下，不过参加该实验不给报酬。当然，为了便于比较，研究人员还加入了对照场景，在该场景中，实验者会直接邀请学生们参与第二项实验。

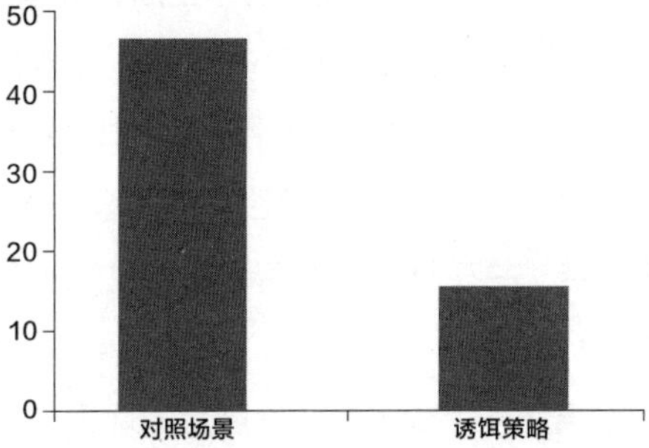

同意参加第二项实验的学生比率
（百分比）

在运用“诱饵策略”的情况下，参与者的比率是对照场景下的近 3 倍。人们普遍觉得，与其白跑一趟，不如让这趟奔走体现出一定的价值！

商业应用案例：充当诱饵的鞋子

当你观赏一些鞋店的橱窗时，可能会发现，尽管时下不是打折季，但某款鞋子的优惠力度却特别大。被该款式所吸引，你决定走进店铺瞧一瞧。请留意，你也许正在掉进商家为你设计的圈套里，该圈套的目的不为别的，正是为了让你走入商店。

盖冈和雅各布曾在 2008 年于一家鞋店里开展了以下实验，目的是在一种真实的商业环境中，探索“诱饵策略”的效应。该店的某款女鞋连续数周都卖得很好，于是店家决定将它摆到橱窗里最醒目的位置，并在旁边附上精美的硬质价格牌：原来的价格被打上了叉，下面显示“-30%”的字样，以及现在的价格。

准备工作结束后，实验者等着某位对该款式感兴趣的顾客走进商店。

在对照场景下，营业员会在店里贴上一张告示，只有当顾客走进商店以后才能看见。这张告示上面会提醒顾客：橱窗里的热卖款式只剩下35码、36码和42码了（目标客户群中很少有人穿这样的尺码）。为了判定这组受试者对该款鞋的感兴趣程度，实验者会观察她们在看橱窗时是否关注了这款鞋，进店后是否直接去找该款鞋，并在其走出商店时，通过问卷调查进行最后的确认。

在实验场景下，除了橱窗里展示的优惠信息，顾客们不会看到与该款鞋有关的任何其他书面信息，她们必须询问营业员才能了解更多细节。一旦顾客与营业员建立起了交流，并对热卖款表现出了自己的兴趣，营业员就要按照指示，一边将鞋拿在手里，一边向顾客介绍这款鞋，比如“这个款式在本季度很受欢迎”，“您的眼光真好”，“这鞋穿起来很显气质”等等。当然，在这期间，顾客也会表达自己的看法，而营业员则要对她们的提问做出解答。如果顾客提出要试鞋，营业员便询问其鞋码尺寸，就在这个时候，营业员会告知顾客这款鞋只剩下35码和42码了，并解释称，正是因为尺码不全，所以这款鞋才会被特价处理。接着，营业员会等几秒钟，然后询问顾客是否就是喜欢这类款式的鞋。一旦顾客做出肯定回答，营业员便对其称，店里前一天新到了一批同系列的新款女鞋，然后问顾客是否想要看一看。到了这个时候，实验者会观察有多少顾客拒绝提议直接离去。假如顾客表示想要看一看，营业员便向其展示这几个新款，一旦顾客询问价格，营业员就以接近“诱饵鞋”原价的一款为例报出价格。通常，顾客会询问是否有优惠，这时候营业员会解释说“新款不打折”。接下来，营业员会建议顾客试穿一下，如果对方同意了，那营业员就像往常一样行事。研究人员分别统计了对照组和实验组中，以原价购买新款鞋的顾客比率。结果证明，“诱饵策略”还是相当有效的。

	诱饵策略	对照场景
一发现没有自己的尺码，就立刻离店的顾客比率（百分比）	34.6	87.2
购买新款女鞋的顾客比率（百分比）	25.7	7.4

“诱饵策略”显然非常有效，因为进店的每 4 个人中就有 1 个人购买了至少一双鞋；而在对照场景下，购买鞋子的顾客比率还不到十分之一。这两种场景，一种有营业员的介入，另一种则没有。在有营业员介入的情况下，顾客从看中橱窗里的鞋子到得知没有自己的尺码，其间经历了更长时间、受到了营业员更好的接待，与此同时，销售过程也得以推进，并让顾客与商家之间建立了更好的关系。

和“低球技巧”一样，“诱饵策略”往往被运用在你不知情的情况下。有时，你兴冲冲地赶到商场，只为了购买商品目录上展示的某件商品，却被告知该商品已经断货停产了。巧合的是，你会在商场里发现一件类似的商品，它看上去更吸引人，且拥有更多功能，但价钱却要贵很多。尽管这次商家使用的手段有些不同，但最终导致的结果却是一样的：你不甘心自己开了 50 千米的路却空手而归，毕竟你当初已经打定主意要买目录上的那件商品，所以现在很难再放弃这个决定。最后，你买了一件与之相似的产品，但心里的满足感却没有因此大打折扣。由此，我们再次窥见了“诱饵策略”的强大效应。

结论

一旦我们做出了某个决定，哪怕我们后来发现它不能给我们带来预期的满意度，我们也很难再打消这个念头。决定购物的想法具有持续性的影响力，它会促使没有尽兴的消费者寻找另一种途径来满足自己，即使这种途径需要付出更高的代价，消费者也在所不惜。

82 为什么你要答应给保罗买玩具消防车作为圣诞礼物？

“得寸进尺法”“低球技巧”“诱饵策略”…… 竟有这么多心理操控法可以促使我们采取一些我们本不打算采取的行为，于是我们不禁要问：人们为什么能用这么简单的“伎俩”使我们做出他们所期望的行为？他们到底是怎么办到的呢？

其实道理很简单。我们身上有一种内在的压力，这种压力会迫使我们不放弃自己的决定或避免行为上的前后不一致。社会心理学界的理论家们将这种付诸行动和保持一致的压力称为“承诺”。

承诺和一致原理

美国社会心理学教授查尔斯·阿道夫·基斯勒将心理学上的“承诺”定义为个体与其行为和决定之间的联系，这种联系可以帮助个体在纷繁复杂的日常事务中找到逻辑。然而，个体保持行为一致的倾向也可能变成别人操纵他的工具。事实上，一个人理应具有行为的一致性，即按照一贯的方式行事。但我们要知道，这种行为模式也会使这个人更容易受到影响：我们只要诱导他做出某个决定或采取某种行为，就能潜移默化地指引他的思想。凡是一个有责任感和有自由行动权的人，假如他在无报酬的情况下，仍然愿意执行某种行为，那就说明他的内心觉得该行为顺应他的意愿，并符合他的个性和心中所想，因为我们的行为本身就解释了我们为什么要这么做，或者说某人做某件事是因为他一贯以来都这样做。

个体与其行为之间的这种联系，造就了那些日复一日照顾家庭和子女、联系亲友和同事的个人。虽然这种联系的存在对社会凝聚力的形成起到了至关重要的作用，但我们不可否认，它也会造成个体更易被操纵的必然结果。事实上，个人与其行为或决定之间的联系是如此之强，以至于我们只要设法让一个人做出任意一种行为，这种联系就会建立起来，并使得此人在接下来采取与该行为一致的行为方式。

商业应用

只要掌握"承诺和一致"的理论和实践基础，就能在商业领域找到大量的应用方式，达到影响消费者行为的目的。

促使消费者做出某种决定或采取小小的行为便是引诱他们做出购买承诺的一种方式，就像我们在"得寸进尺法"的案例里看到的那样。其他一些更常见的做法其实也是为了这个目的。例如，免费试车，或免费附赠一个样品供消费者试用。在一家服装店或鞋店，假如售货员能够说服顾客试穿一双鞋或一件衣服，将更有利于售出商品。展示某种食品的推销员若能给消费者品尝的机会，前提是不给人强迫感，要让顾客自由选择试吃与否，这样也可以激发消费者的购买欲望。商场允许顾客试用产品的做法同样可以构成吸引顾客的一个因素。鼓励消费者触摸商品的这一招也很有效，但千万不要让消费者有被迫做这件事的感觉。类似的方法还有：邀网购者点击一个链接、让顾客刮一张抽奖券、请会员来店领一份礼物、询问消费者的意见……总之，只要消费者做出了预期的行为，哪怕该行为在表面上看起来再微不足道，都能诱导其做出购买承诺。

西奥迪尼分析了某些玩具厂商所使用的促销办法。众所周知，玩具行业一到年初就会遇到资金问题，原因是这阶段的销售额会出现大幅下滑，这是因为圣诞节的购物风潮过后，家长们在接下来的数周内自然不会再轻易答应给孩子买玩具。于是，某些玩具厂商想出了一个绝妙的促销策略：在圣诞节来临前的几个星期里，通过广告大力宣传某款玩具，这样许多孩子在看到广告后，都会希望得到该款玩具作为圣诞礼物。家长们为了哄孩子开心，总会尽量满足他们的愿望，给他们买心仪的玩具。对于年龄更小的孩子，家长甚至会偷看孩子写给圣诞老人的信，以了解圣诞节该给孩子送什么礼物。就这样，有些家长可能默许了要给子女买广告里的那款玩具，还有的可能向孩子明确承诺了会买，而这正是玩具厂商想要达到的效果。接下来，玩具商便刻意限量发售广告里的玩具，同时不遗余力地推出其他一些诱人的玩具。鉴于广告里推广的玩具在市面上数量稀少，很多家长恐怕逛了数家店都难以买到，眼看着 12 月 25 日就要到了，这些家长不得不给孩子买别的玩具作为补偿。圣诞节过去不久，玩具厂商又重新登广告宣传之前的玩具，而且这一次供货量充足：玩具店特意在醒目的地方大肆展示这款玩具。面对这种情况，孩子的第一反应当然是要求父母为自己购买这款玩具，毕竟这才是他几星期前真正想要的礼物。为了使自己的行为与最初的承诺（有些孩子甚至会明确提醒家长之前对其许下的承诺：“你当时明明答应要给我买的”）保持一致，家长们没有别的办法，只好同意给孩子再买一次玩具。

结论

我们可以利用多种方式来引诱顾客做出购买承诺，既而达到影响其消费行为的目的。此外，该项因素的强大效应使得如今有研究者正在探索与之相关的新课题：引人做出承诺的信息。此处涉及一种诱使他人表明立场的交流，在这种交流中，我们试图透过信息，引导对方执行某种行为、做出某个决定，或使对方觉得自己拥有自由决定的权利。我们之前已经看到，在言语中植入与“自由”相关的语义可以促使对方做出某些特定的行为，而自由的感觉正是一项鼓励他人做出承诺的因素。这一概念既然能通过一些字眼被表达出来，自然也能透过一条信息被传递给对方。